TOKIO

INSIDER-TIPP
Deine Abkürzung ins Erleben!

Reisen mit MARCO POLO Insider-Tipps

MARCO POLO TOP-HIGHLIGHTS

SENSŌ-JI ★1
Rund um das Tempelgelände im quirligen Viertel Asakusa ist immer Hochbetrieb.
Tipp: Die Haupthalle des Tempels, mit dem Qualm der Räucherstäbchen im Vordergrund.

➤ S. 35

SHIBUYA SCRAMBLE CROSSING ★2
Hier kannst du dabei zusehen, wie 1000 Menschen in 45 Sekunden Tokios berühmteste Kreuzung überqueren. Nirgendwo anders ist Tokio mehr Tokio als hier.
Tipp: Die Kreuzung ein paar Minuten in Stop-Motion oder im Zeitraffer aufnehmen, am besten vom Starbucks an der Kreuzung.

➤ S. 39

MEIJI-SCHREIN ★3
Oase der Ruhe mitten im Großstadtgetümmel – Feiertage ausgenommen.
Tipp: Die lange Wand voller „komodaru" (Sakefässer), schräg von vorn mit dem Fokus auf die vorderen Fässer.

➤ S. 41

ROPPONGI HILLS ★4
Moderner Citykomplex mit Hunderten von Geschäften und Restaurants mit dem Mori Tower im Zentrum und viel Nachtleben drumherum.

➤ S. 43

HAMARIKYŪ-GARTEN ★5
Im Teehaus auf der Insel des ehemaligen kaiserlichen Sommersitzes: Ausruhen mit Blick auf Wolkenkratzer und uralte Kiefern.
Tipp: Die sich im Wasser der Teiche reflektierenden Hochhäuser nebst Pavillion in der Parkmitte.

➤ S. 48

TOKYO SKYTREE 6

Tokios jüngstes Wahrzeichen glänzt durch seine schlanke Architektur und eine Aussichtsplattform auf 450 m Höhe.

Tipp: Mach ein Foto durch den gläsernen Boden!

➤ S. 52

YANAKA & NEZU 7

Abseits ausgetretener Pfade findest du in diesen Vierteln Holzhäuser, Tempel und Läden ganz wie früher.

➤ S. 52

KAMAKURA 8

Die alte Kaiserstadt am Meer ist eine Miniaturausgabe von Kyoto: mit Tempeln, Schreinen, Gärten und dem Daibutsu, einer monumentalen, begehbaren Buddhastatue.

Tipp: Die drei kleinen Ryōen-Jizō-Statuen, von Nahem und von unten in Szene setzen.

➤ S. 61

FUJI-SAN 9

Der perfekt geformte Vulkankegel ist auch für mäßig geübte Wanderer bezwingbar, wenn Planung, Kleidung und Ausrüstung stimmen.

Tipp: Richtig fotogen ist der Fuji-san an den fünf Seen – so am Saiko oder am Kachikachi-yama.

➤ S. 63

AKIHABARA 10

Ein schier überwältigendes Elektronikangebot und zahllose Maid-Cafes gibt es in diesem Stadtviertel – wie geschaffen für Nerds (Foto).

➤ S. 84

INHALT

BESSER PLANEN
MEHR ERLEBEN!

Digitale Extras
go.marcopolo.de/app/tok

- Besuch planen
- €–€€€ Preiskategorien
- Bei Regen
- Low Budget
- Mit Kindern
- Typisch

(A2) Herausnehmbare Faltkarte
(a2) Zusatzkarte auf der Faltkarte
(0) Außerhalb des Faltkartenausschnitts

DAS BESTE ZUERST

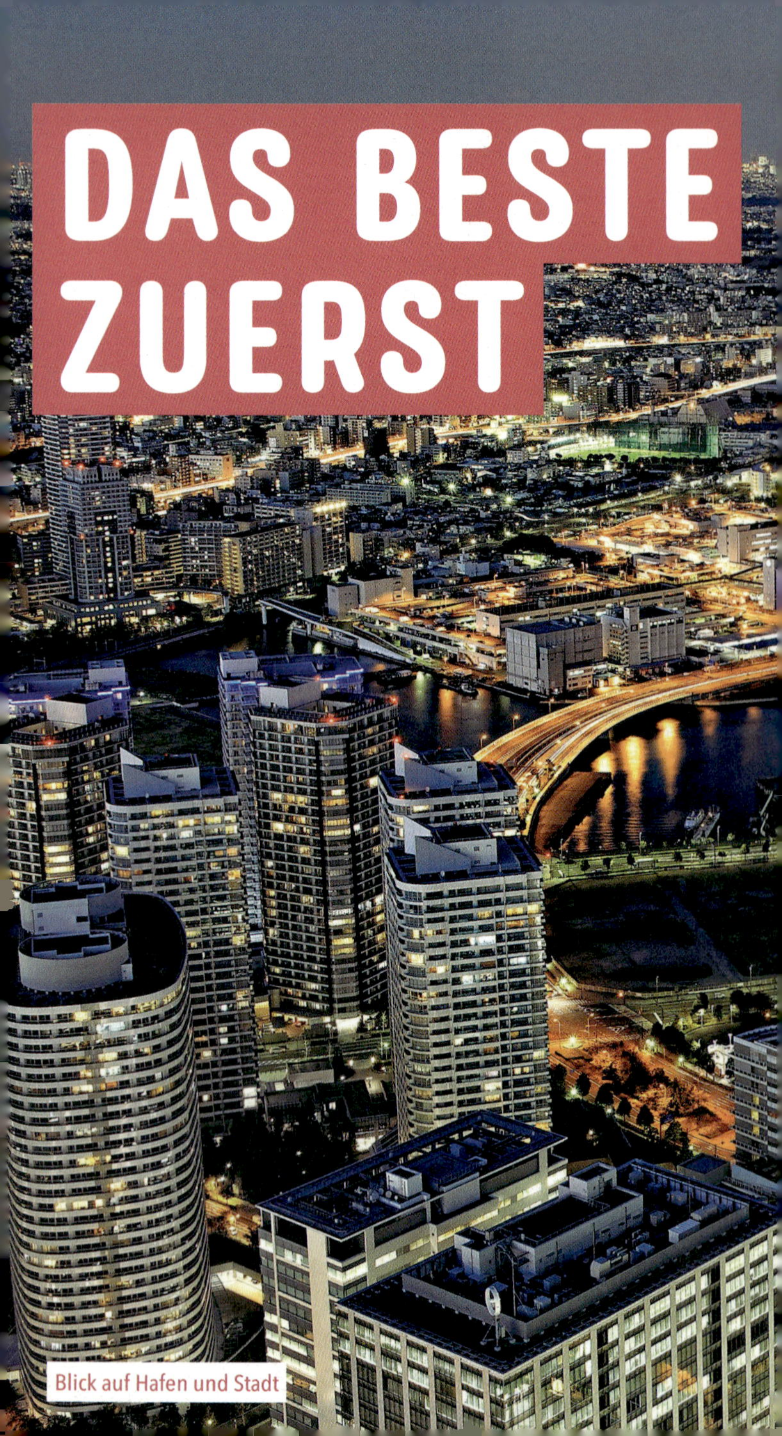

Blick auf Hafen und Stadt

BEST OF

BEI REGEN

SCHÖN, AUCH WENN ES REGNET

KARAOKE SINGEN

Wenn's draußen gießt, macht es umso mehr Spaß, mit Freunden gegen den Schlechtwetter-Blues anzuschmettern. Keine Angst: nicht vor Publikum, sondern in einem eigenen Zimmerchen, etwa im *Karaoke Pasela Roppongi*.

➤ S. 100

EIN BLICK ZURÜCK

Von außen schaut das *Edo-Tokyo Museum* zwar aus wie ein fantasievolles Gebäude der Zukunft, im Inneren kannst du aber eine packende Zeitreise durch die erstaunliche Geschichte der Hauptstadt machen.

➤ S. 51

KABUKITHEATER

Der Besuch in einem *Kabukitheater* kann leicht einige Stunden dauern. Nutze das miese Regenwetter und tauche im *Kabuki-za* in ein Stück japanische Kulturgeschichte ein.

➤ S. 22, 103

UNTERIRDISCHER EINKAUFSBUMMEL

Einkaufen mit Schirm macht wenig Spaß. In den unterirdischen Passagen der Bahnhöfe *Shinjuku* oder *Tokyo-eki* aber kannst du unbeschwert auf Einkaufstour gehen und kilometerweit laufen, ohne nass zu werden.

➤ S. 46, 31

OSTASIATISCHE KUNST

Wenn nicht gerade Montag ist, kann man die Regenstunden wunderbar im *Nezu-Museum* verbringen und einen kleinen Einblick in ostasiatische Kunst und Kultur gewinnen.

➤ S. 42

UNTER WASSER

Den Bewohnern des *Tokyo Sea Life Park* kann Wasser garantiert nichts anhaben. Dieses große Aquarium wird dich garantiert begeistern, egal wie das Wetter ist (Foto).

➤ S. 51

BEST OF

LOW-BUDGET

FÜR DEN KLEINEN GELDBEUTEL

TOKIO AUS DER VOGEL-PERSPEKTIVE
Schwindelfrei solltest du schon sein, wenn du mit dem Expressaufzug in den 45. Stock des *Rathauses in Shinjuku* zischen willst. Von den Aussichtsdecks hast du einen fantastischen Blick – ohne dafür Eintritt zu bezahlen.
➤ S. 47

STÖBERN BIS ZUM ABWINKEN
Man findet sie überall und sie haben wirklich alles: Die *Don-Quijote-Kaufhäuser* – Tante-Emma-Läden hoch hundert. Die meisten Sachen sind dabei günstiger als anderswo.
➤ S. 88

TEMPEL- UND SCHREINFESTE
So arbeitsam die Bewohner Tokios sind, so gerne feiern sie. Fast jeder Tempel und Schrein zelebriert mindestens ein Mal im Jahr ein *Matsuri*. Prunkvolle Kostüme, tragbare Schreine und tolle Fotomotive – ganz umsonst, etwa beim *Sanja-Matsuri* oder *Kanda-Matsuri*.
➤ S. 35, 55

POPKULTUR AM YOYOGI-PARK
Eintrittsgelder für Fashionshows, Popkonzerte oder Avantgardetheater kannst du dir sparen: Einfach am Sonntag an den Platz vor der südöstlichen Ecke des *Yoyogi-Parks* (Foto) gehen und sehen, wie sich brave Bürger in Rock 'n' Roller oder exzentrisch gekleidete Girls verwandeln.
➤ S. 41

LUNCH MENU ODER HÄPPCHEN
Mittags isst man sehr preiswert in Tokio. Selbst teure Etablissements bieten günstige *Mittagsmenüs*. Für den kleinen Appetit reicht ein Ausflug in die großen Kaufhäuser, wie etwa das *Isetan*. Dort liegen in den Lebensmittelabteilungen köstliche Probierhäppchen gratis aus – und das nicht zu knapp.
➤ S. 88

BEST OF

MIT KINDERN

SPANNENDES FÜR GROSS & KLEIN

SCHWEBEBAHN ZUM ZOO
Der Zoo in Ueno ist zwar bekannter, dank zentraler Lage und zweier „Leih"-Pandas aus China, doch der etwas außerhalb gelegene *Tama-Zoo* ist wesentlich grüner, größer und schöner. Außerdem ist die Fahrt zum Zoo in der Schwebebahn bereits ein Erlebnis.
➤ S. 59

ORDENTLICH HERUMTOLLEN
Tokio hat erstaunlich viele Parks mit einigen Attraktionen, bei denen sich die Kleinen selbst betätigen können. Dazu zählt der *Heiwa-no-mori-Park* mit Geschicklichkeitsparcours und mehr.
➤ S. 58

DIE ZAUBERHAFTE WELT VON GHIBLI
Mit seinen fantasievollen Animes wie „Mein Nachbar Totoro" oder „Prinzession Mononoke" verzaubert das *Studio Ghibli* ganze Generationen von Kindern und Nie-ganz-Erwachsen-Gewordenen. Das Zeichentrickstudio betreibt zudem ein kleines, aber feines Museum, das Kinder und Erwachsene gleichermaßen entzückt (Foto).
➤ S. 58

BEI MICKEY, DONALD & CO.
Ob Mickey-Mouse-Fan oder nicht – *Tokyo Disneyland & Disney Sea* dürfen bei einer Reise mit Kindern nicht fehlen. Die Kulissen, die Atmosphäre, die Attraktionen – vor allem aber das Glänzen in den Augen der kleinen Besucher sind unvergesslich.
➤ S. 61

WISSENSCHAFT & TECHNIK
Tokio hat etliche auch für Kinder interessanten Museen zu bieten, und nicht wenige animieren die Kinder zur Interaktion mit den Exponaten. Dazu gehört das *National Museum of Nature and Science*, das auch gute Sonderausstellungen beherbergt.
➤ S. 37

BEST OF

TYPISCH

DAS ERLEBST DU NUR HIER

KONTRASTE ZWISCHEN ALT UND NEU

In Tokio lohnt es sich immer, von den großen Geschäftsstraßen abzuweichen. Unvermittelt wirst du dich in schmalen Gassen wiederfinden, in denen die Uhren langsamer zu ticken scheinen. Mäandere zum Beispiel im Schatten von *Roppongi Hills* durch die Gassen von *Azabujuban*.

➤ S. 44

SHIBUYA SCRAMBLE CROSSING

Es gibt wohl keine Straßenkreuzung, die häufiger fotografiert oder gefilmt wird als jene vor dem Bahnhof *Shibuya*. Das Gewimmel muss man einfach erlebt haben, um es zu glauben.

➤ S. 39

HIGHTECH UND OTAKU-KULTUR IN AKIHABARA

Japaner lieben Technik und Elektronik, das Viertel *Akihabara* übt auf sie magische Anziehungskraft aus. In den zahlreichen Discountläden gibt es Aktuelles aus dem Audio- und Videobereich, zudem längst verschwunden geglaubte Technik. Auch Manga-, Anime- und andere Otaku (Nerds) werden leicht fündig.

➤ S. 84

ASAKUSA – DAS TRADITIONELLE TOKIO

Geishas tippeln nicht mehr viele durch die Straßen des alten Viertels, doch rund um den *Sensō-ji-Tempel* (Foto) kannst du noch den Flair des alten Tokio spüren.

➤ S. 34

EINKAUFEN IN EDELMEILEN

Die Bewohner der Hauptstadt shoppen leidenschaftlich gerne. In den Warenkorb kommt am liebsten, was Rang und Namen hat. Das darf schon mal etwas teurer sein. Die besten „Jagdreviere" sind *Omotesandō* und *Ginza*.

➤ S. 39, 48

SO TICKT TOKIO

Besucherinnen vor dem Hie-Schrein

TBS
40

ENTDECKE TOKIO

Das Hochhausviertel Shinjuku mit dem Fuji im Hintergrund

Dynamisch, liebenswürdig, ein Moloch, eine Ansammlung von Dörfern, aufregend, provinziell, hässlich, exotisch, steif, vital ... Greife eins dieser Merkmale heraus – oder erweitere die Liste – und setze davor: „Tokio ist ...". So unendlich viele Facetten hat diese Stadt, dass wohl niemand sie auf einen einzigen Nenner bringen kann.

KEINE LANGEWEILE ZWISCHEN FUJI UND FISCHMARKT

Auf dem größten Fischmarkt der Welt herrschen ab 5 Uhr morgens eigene Gesetze, wenn Hunderte riesengroße Thunfische versteigert werden. Über edle Einkaufsmeilen ziehen ab 11 Uhr gut betuchte, markenbewusste Fashionistas, während Gadget-Fans in den hippen Elektronikläden auf Jagd gehen. In Kabuki- und Nohtheatern lebt die Tradition des alten Japan ebenso weiter wie im sandigen Ring der Sumoarenen. Spätestens wenn man während der Dämmerung, der sogenannten blauen Stunde, von der Aussichtsplattform eines Wolkenkratzers oder

12. Jh. In Edo, einem kleinen Fischerdorf, wird erstmals eine Festung gebaut.

1509 Reichseiniger Tokugawa Ieyasu erklärt Edo zur Hauptstadt. Der Kaiser bleibt in Kyoto.

um 1800 Edo erreicht die 1-Millionen-Einwohner-Marke – noch vor London oder Paris.

1869 Im Zuge der Meiji-Restauration zieht auch der Kaiser nach Edo, welches in Tokio umbenannt wird.

1923 Das verheerende „Große Kanto-Erdbeben" macht

des Tokyo Skytree auf die größte Stadt der industrialisierten Welt schaut, diese sich endlos ausdehnende Metropole, hinter der im Westen majestätisch der Vulkankegel des heiligen Fuji thront, wird klar: In dieser Stadt kann es einfach nie langweilig werden.

LUST AUF VERÄNDERUNG

Tokio ist ein Abenteuer, eine faszinierende Reise zwischen Vergangenheit und Zukunft. Aber wie lernt man die dynamische Megastadt mit ihrer ständigen Lust an der Veränderung am besten kennen? Für einen ersten Überblick bietet es sich an, einfach in die Tokioter Ringbahn Yamanote zu steigen. Von der wichtigsten Verkehrsverbindung der Stadt hast du einen leichten Zugang zu den meisten Sehenswürdigkeiten. Steig aber bloß nicht zu früh aus den Federn, du tust dir zumindest an Wochentagen keinen Gefallen. Denn zur morgendlichen Stoßzeit zwischen 7.30 und 9.30 Uhr sind Tokios Bahnen immer extrem voll. Beginne deine Stadtrundfahrt am besten auf der von ausladenden Bäumen und Designerläden gesäumten Omotesandō in Harajuku, der „Champs-Élysées" von Tokio. Auf diesem Prachtboulevard und in seinen kleinen Seitenstraßen ist die Fernostmetropole am europäischsten. Nach einem Bummel durch die schicken Geschäfte steigst du dann in die Yamanote-Bahn. Eine Weile grüßen zur Linken noch die hohen Baumwipfel aus dem Parkgelände des Meiji-Schreins herüber, später bestimmen die avantgardistischen Wolkenkratzer von Shinjuku das Panorama. Die Zahlen sprechen für sich: Allein in den 23 Innenstadtbezirken *(ku)* Tokios leben fast 10 Mio. Menschen, auf einer Fläche kleiner als Hamburg wohlgemerkt, mit eingemeindeten Städten und Inseln sind es rund 14 Mio. Einwohner. Das ent-

Tokio dem Erdboden gleich, rund 140 000 Bewohner kommen ums Leben.

1945 Luftangriffe verwüsten die Stadt vollständig, rund 210 000 Bewohner sterben.

1964 Tokio ist mitten im Wiederaufbau und richtet die Olympischen Sommerspiele aus.

1970 Die Stadt erreicht die 10-Millionen-Marke und erlebt einen beispiellosen Bauboom.

2021 Austragung der Olympischen Sommerspiele

spricht insgesamt etwa elf Prozent der Bevölkerung Japans. Der Großraum Tokio inklusive Yokohama zählt sogar über 37 Mio. Menschen.

URSPRÜNGLICHE VIERTEL MIT POETISCHEN NAMEN

Mit der Yamanote-Bahn gelangst du bald an die Station Takadanobaba. Zwei der angesehensten Universitäten liegen in dieser Gegend: die Waseda und die Gakushūin. An Letzterer hat Kaiser Naruhito studiert, ebenso wie sein Vater, der emerierte Kaiser Akihito. „Ikebukuro!" verkündet die Lautsprecherstimme. Dieses moderne Viertel der Hauptstadt wird überragt vom 60-stöckigen Einkaufs- und Vergnügungskomplex Sunshine City. Er steht auf historischem Boden: Hier befand sich einst das Sugamo-Gefängnis, in dem Kriegsverbrecher des Zweiten Weltkriegs inhaftiert und die Hauptangeklagten am 23. Dezember 1948 hingerichtet wurden. Zwei Stationen weiter steht der Bahnhof Sugamo, auf deutsch „Entennest". Was Harajuku für die Teens ist, ist Sugamo für die Alten, die hier durch die Läden stöbern. Die Atmosphäre südlich des Bahnhofs ist herrlich schrullig und Ausdruck japanischer Lebensfreude bis ins hohe Alter. „Komagome", meldet der Schaffner, „Tabata", „Nippori" und „Uguisudani". Auf Deutsch heißt das so viel wie Pferdekoppel, Reisfeldrain, Sonnenuntergangsdorf und Nachtigallental – poetische Namen aus vergangener Zeit, die Realität sieht mittlerweile ganz anders aus. Der Zug gleitet heute an monotonen Häuserfronten vorbei. Wäre das Tempo nur ein wenig langsamer, ließen sich Einblicke in die Wohnsituation der Durchschnittsjapaner gewinnen. Zumeist eher trostlose Szenerien, denn ältere Wohnungen im Zentrum sind winzig, ohne besonderen Komfort und teuer obendrein. Zurück zur Pferdekoppel und dem Tal der Nachtigallen. Gesetzt den Fall, du würdst an einer dieser Stationen aussteigen und durch die Gegend streifen: Auch ein Tokio-Neuling spürt den Unterschied zu Vierteln wie Shinjuku oder dem Ausgangspunkt, der Omotesandō, nach wenigen Schritten. Ursprünglicher ist es hier, direkter und ungeschminkter – das Hässliche ebenso wie das Schöne.

INSIDER-TIPP
Das „Harajuku" der Alten

AUF SPURENSUCHE NACH DEM ALTEN TOKIO

Irgendwo in dieser Gegend verläuft eine imaginäre Grenze, die Tokio schon seit jeher in zwei Bereiche geteilt hat: in Yamanote, die Oberstadt, und Shitamachi, die Unterstadt der kleinen Leute. Shitamachi bedeutet eigentlich „Burgunterstadt". Hier geht es etwas rauher, aber auch herzlicher zu. Schön lässt sich das zwischen Uguisudani und Ueno auskosten – rund um den Bahnhof Iriya. Der nächste Bahnhof heißt Ueno. Unterbrichst du die Fahrt hier, bist du mitten im Herzen des früheren Stadtzentrums. In den angrenzenden Vierteln Yanaka und Nezu kann man bei Streifzügen durch enge Gassen, vorbei an Tempeln und kleinen Geschäften, noch einiges vom alten Tokio entdecken. Ein geeigneter Anlass, einen kurzen Blick auf die bewegte Stadtgeschichte zu werfen. Als Stadtgründer gilt Fürst Ōta Dōkan, der im 15. Jh. auf den Grundmauern einer alten Burganla-

Farbenfrohes Festival am Meiji-Schrein: Tanzen und Trommeln in traditionellen Kostümen

ge eine Festung errichten ließ. Doch als „Stadt" kann man wohl kaum bezeichnen, was Tokugawa Ieyasu, Herr der acht Kanto-Provinzen, ein gutes Jahrhundert später vorgefunden hat: Nicht mehr als insgesamt 100 Häuser zählt die Ansiedlung, die sich Edo – das Tor zum Fluss – nennt. Doch wegen der strategisch günstigen Lage beschließt der Kriegsherr, hier sein militärisches Hauptquartier aufzuschlagen. Nach zehn Jahren hat sich die Situation schlagartig verändert. 1600, in der Schlacht von Sekigahara, besiegt Ieyasu seine fürstlichen Rivalen und wird 1603 zum Shōgun, zum obersten Militärherrn, ernannt. Der Kaiser – ohne Macht und Einfluss – residiert weiterhin in Kyoto, doch Politik wird ab jetzt in Edo gemacht. Das Fischerdorf mausert sich zur Metropole. Ab 1634 werden alle Lehnsherren gezwungen, sich jedes zweite Jahr mitsamt Gefolge in Edo einzufinden. Ihre Familien müssen ohnehin in Edo bleiben – quasi als Geiseln.

TOKIO WIRD ZUR MILLIONENSTADT

Im Süden und Westen der Burg liegen ihre Residenzen – in Yamanote. Im Norden und Osten – in Shitamachi – lebt das einfache Volk. Während die Vornehmen ein reglementiertes Dasein führen, blüht hier die städtische Kultur. Ab Mitte des 19. Jhs., Edo hat nun schon mehr als eine Million Einwohner, verfällt die Macht des Tokugawa-Shogunats. In der Bucht vor Edo kreuzen die „Schwarzen Schiffe" des amerikanischen Kommodore Perry, der Einlass begehrt in das seit über 200 Jahren abgeschottete Land. Mit der Thronbesteigung von Kaiser Mutsuhito 1867 beginnt eine neue Ära: Der letzte Shōgun wird entmachtet, und Edo wird zu Tokio, der „östlichen Hauptstadt", denn nun siedelt der Kaiser hierher um. Grundlegende Reformen in dessen als „Meiji-Ära" bekannter Regierungszeit ebnen den Weg zu Japans rascher Industrialisierung.

ERNEUTER BAUBOOM AUF KÜNSTLICHEN LANDFLÄCHEN

Zurück zur Yamanote-Rundfahrt: Von Ueno sind es nur wenige Stationen bis Tokyo-eki, dem wuseligen Hauptbahnhof der Metropole. Hier bist du dem Geschäftszentrum Marunouchi ganz nahe. Und dennoch dringt an manchen Tagen Meeresluft durch die geöffneten Zugtüren. Wenn der Wind günstig steht, kann das in dieser Gegend durchaus passieren. Zu leicht vergisst man, dass Tokio eine Hafenstadt ist und Wasserstraßen ihre Lebensadern waren. Schon in der Edo-Zeit begannen die Stadtplaner damit, die Hauptstadt in die Tokio-Bucht auszudehnen. Aus kleinen Inselfestungen entstanden seit Mitte des 19. Jhs. durch sukzessive Aufschüttungen riesige künstliche Landflächen. Eine der Inseln, Odaiba, sollte zu einer Stadt der Zukunft ausgebaut werden. Doch als Anfang der 1990er-Jahre die Spekulationsblase platzte, mussten die Stadtväter umdenken. So blieben große Flächen zwischen den utopisch anmutenden Bauwerken frei für Parkanlagen, Promenaden und sogar Sandstrand. Leider hat sich das aber schon wieder geändert, und zwar durch den Bauboom, der mit der Vergabe der Olympischen Sommerspiele 2021 an Tokio begonnen hat.

MISCHUNG AUS VERGNÜGUNGSZONE UND ZUKUNFTSARCHITEKTUR

Mit der computergesteuerten Yurikamome-Bahn geht es ab Shimbashi über die von Sonnenuntergang bis Mitternacht beleuchtete Rainbow Bridge hinüber auf die künstliche Insel Odaiba. Es ist eine Fahrt in ein ganz anderes Tokio – eine anregend-skurrile Mischung aus Vergnügungszone und Zukunftsarchitektur. Zu Beginn dieses Jahrhunderts ist am Bahnhof Shimbashi das neue Wolkenkratzerviertel Shiodome entstanden: mit Wohnungen, Hotels, vielen Restaurants und Geschäften. Drei Stationen weiter auf der Yamanote-Ringlinie wartet gleich noch ein imposanter Bau: der Shinagawa-Bahnhof, in dem auch die superschnellen Shinkansen-Züge Station machen. Drei? Auch das ist seit 2020 Geschichte, denn der nagelneue Bahnhof Takanawa Gateway öffnete seine Pforten – der erste neue Bahnhof an der Ringlinie seit 1971. Rund um die Haltestellen Gotanda, Meguro und Ebisu geht es dann ziemlich geschäftig zu, die vielen kleinen Läden, Restaurants und Coffeeshops sind immer gut besucht.

Bevor sich der Kreis in Harajuku, deinem Ausgangspunkt, schließt, solltest du unbedingt in Shibuya aussteigen. In den grell beleuchteten, dauerbeschallten Geschäftsstraßen pulsiert das junge Leben in Tokio, dort werden die Trends von morgen geboren. Immer noch nicht genug gesehen? Dann warte einfach mehrere Ampelphasen an der berühmten Kreuzung Shibuya Scramble Crossing ab und beobachte, wie Tausende Menschen dort auf einen Schlag bei Grün die Straße überqueren. Einen guten Blick auf das Schauspiel hast du vom Verbindungsgang zwischen der Yamanote-Linie und der Keio-Inokashira-Linie. Das also ist Tokio? Beileibe nicht: Die Yamanote-Linie umkreist nur einen kleinen Teil des Stadtgebiets – auch außerhalb der Ringlinie gibt es sehr viel zu entdecken.

AUF EINEN BLICK

45.000
Taxis in der Stadt

nur 10.000 weniger als in ganz Deutschland

CA. 10 EURO

Eine Stunde parken in der Innenstadt

90 %

der Einwohner sind seit 1945 hinzugezogen

330

Anzahl der Inseln, die zu Tokio gehören

HÖCHSTER BERG:

KUMOTORISAN

2.017 m

WÄRMSTER MONAT

AUGUST
29,1 °C

BELIEBTESTE REISEMONATE

MÄRZ/ OKTOBER

Das Zentrum von Tokio ist kleiner als Hamburg, hat mit 10 Millionen aber fünfmal mehr Einwohner.

2.599

Brücken in Tokio – sechsmal mehr als in Venedig

WENIGER ALS JEDER VIERTE HAUPTSTÄDTER BESITZT EIN AUTO.

SINGLERATE DER 30-JÄHRIGEN: 36 % (FRAUEN), 47 % (MÄNNER)

TOKIO VERSTEHEN

DRÄNGELKODEX

Wer als Tokio-Neuling zum ersten Mal versucht, in den Stoßzeiten mit der Bahn zu fahren, dem bleibt mit ziemlicher Sicherheit die Luft weg. Nicht nur, weil er hilflos eingepfercht kaum noch durchatmen kann, sondern auch angesichts der Rücksichtslosigkeit, deren fassungsloser Zeuge er wird.

Die japanische Höflichkeit ist zwar sprichwörtlich, aber wenn Millionen Pendler aus den Außenbezirken in oder aus Tokios Zentrum unterwegs sind, gelten andere Regeln. Zwar stellen sich am Bahnsteig noch alle brav in der Warteschlange an. Doch beim Einsteigen in bereits berstend volle Züge gibt es kein Pardon mehr.

Mach es wie die Einheimischen: Ist die Bahn so voll, dass fast niemand mehr hineinpasst, steige einfach rückwärts ein und drücke, den Blick dabei souverän nach draußen gerichtet.

INSIDER-TIPP
Umsteigen wie ein Profi

In U-Bahnhöfen hängen Pläne aus, an denen man ablesen kann, in welchen Wagen man am besten einsteigt, wenn man am Bahnhof X in die Linie Y umsteigen will. Das spart mitunter mehrere Minuten inmitten von Menschenmassen. Natürlich sind diese Waggons dann jedoch auch manchmal beliebter als andere.

Auf manchen Linien sind Abteile während der Stoßzeiten für Frauen reserviert, um diesen die bedrohliche Enge und diese Enge liebende Grabscher zu ersparen.

ERDBEBEN, TAIFUNE & CO.

Tokio ist ganzjährig von Erdbeben und von Juni bis Oktober von Taifunen bedroht. Bei *jma.go.jp/jma/indexe.html* kann man sich über Taifune im Voraus und über Erdbeben im Nachhinein gut informieren. Bei Erdbeben gilt es, Ruhe zu bewahren und nicht sofort nach draußen zu rennen, denn dort stellen oberirdische Leitungen eine größere Gefahr dar als einstürzende Häuser.

GLEICHBERECHTIGUNG

Japan ist eine Männergesellschaft. Frauen sind in Politik und Wirtschaft in Führungspositionen stark unterrepräsentiert. Im „Gender Gap Report" des World Economic Forum, der rund 150 Länder darauf untersucht, wie gleichberechtigt die Geschlechter sind, landet Japan weit abgeschlagen hinter Indien, Madagaskar oder Indonesion auf einem Platz über 110. Zwar hat die Regierung mit „Womenomics" die Förderung von Frauen prominent auf ihre Agenda gesetzt, aber bisher blieb es bei Lippenbekenntnissen. Nur wenige Frauen konnten die „gläserne Decke" durchbrechen. Doch zumindest auf den niedrigeren Managementebenen und bei großen sowie internationalen Firmen gibt es immer mehr Frauen, die sich nicht mit administrativen Rollen zufrieden geben (müssen), sondern wie ihre männlichen Kollegen Karriere machen.

Hinten anstellen, bitte! Die nächste U-Bahn kommt sicher bald

MANIEREN

In Japan gibt es für nahezu alle Situationen bestimmte Verhaltens- und Umgangsformen. Viele dieser Regeln stammen noch aus Zeiten, als die Gesellschaft streng hierarchisch gegliedert war. Zum Teil spiegelt sich das heute noch in der Arbeitswelt wider, wo Uniabsolventen ganz unten im firmeninternen Ranking stehen und eine Beförderung in erster Linie vom Alter und weniger von der Leistung abhängt.

Die japanische Etikette ist für Ausländer ein Buch mit sieben Siegeln. Wer sich wann vor wem und wie tief verbeugen muss, erfordert viel Hintergrundwissen und ein bisschen Intuition. Als Besucher musst du jedoch keine Angst vor einer Blamage haben. Japaner sind *gaijin* (Fremden) gegenüber sehr duldsam und sehen über die vielen Patzer hinweg, die jedem Besucher unweigerlich unterlaufen. Ein paar Verhaltensregeln solltest du dennoch beherzigen: Essen, Trinken und Telefonieren ist im öffentlichen Nahverkehr verpönt. Lautes Naseputzen ist Japanern ein Graus, lautstarke Empörung peinlich. Lautes Schlürfen von Nudelsuppen ist hingegen in Ordnung und einfach nur eine Technik, um sich nicht den Mund zu verbrühen.

INSIDER-TIPP **Große Fettnäpfe**

In Tokio wie auch im Rest des Landes gibt es drei besonders große Tabus: Bloß nicht mit Straßenschuhen ein Haus oder eine Wohnung zu betreten, Stäbchen im Reis stecken lassen und etwas von Stäbchen zu Stäbchen reichen. Die letzten beiden sind Teile eines Beerdigungsrituals und lösen deshalb ziemliches Entsetzen aus.

Kabukitheater: Auch die Frauenrollen werden in alter Tradition von Männern gespielt

NOH UND CO.

In Tokio hast du die Gelegenheit, alle klassischen japanischen Theaterformen kennenzulernen: Allen voran Noh, Bunraku und Kabuki. Noh gibt es seit geschätzt 800 Jahren – eine lange Zeit, in der man die Vorstellung soweit stilisiert hat, dass sich die Darsteller nur sehr spärlich bewegen. Das ist beeindruckend, aber für Laien schwer verdauliche Kost. Sehr amüsant sind hingegen die Kyōgen genannten, burlesken Einlagen für das gemeine Volk, die im starken Kontrast zu den langen Noh-Stücken, einst für den Adel gedacht, stehen.

Bunraku ist ein Puppentheater mit fast lebensgroßen Marionetten. Den Gang der Handlung erläutern – wie im Nohtheater – ein Orchester und ein oder mehrere Erzähler. ☂ Das Kabukitheater ist wesentlich volksnäher als Noh und seit dem 17. Jh. fester Bestandteil der japanischen Kultur. Gesang, Pantomime und Tanz erleichtern auch Sprachunkundigen den Zugang, verstärkt durch die oft ausdrucksstark geschminkten, fast aunsahmslos männlichen Darsteller. Hauptinstrument ist die Shamisen, ein Saiteninstrument.

OLYMPIA 2021

Im Jahr 2021 fanden in Tokio zum zweiten Mal und nach 57 Jahren die aufgrund der Corona-Pandemie um ein Jahr verschobenen Olympischen Sommerspiele statt. Dazu wurde das alte Olympiastadion in Shinjuku durch ein modernes ersetzt. Die meisten Sportstätten sowie das Olympische Dorf konzentrieren sich in der Bucht von Tokio. Da die Hauptstädter extrem begeisterte Zuschauer sind, war von vornherein großartige Stimmung garantiert. Bei den über 20 Milliarden Euro, die Tokio dafür in die Hand genommen hat – immerhin kann man damit den Berliner Flughafen (selbst nach der Kostenexplosion) drei Mal bauen – kein Wunder.

PACHINKO
Unbeschreiblich ist der Lärm, der aus den blinkenden und gleißenden Spielhallen quillt. Darin stehen flipperartige Automaten, vor denen Hausfrauen, Studierende, Angestellte oder Firmenchefs sitzen, die hier „Entspannung" suchen. Durch das Nägellabyrinth schnellen Stahlkugeln hoch und runter. Die Wartezeit bis zum Gewinn verkündenden Scheppern lässt sich mit einem Blick auf den Minifernseher über dem Spielkasten verkürzen. Geldgewinne sind verboten, stattdessen winken Schokolade oder Zigaretten, teure Taschen oder kleine Goldstücke, die man an unauffälligen Schaltern, TUC-Shops genannt, in der Nähe „verkaufen" kann – gegen Bares. So umgeht man spielend einfach das Wettverbot in Japan!

POLITIK
Die japanische Politik wird in Tokio gemacht – ob es den Menschen von Osaka passt oder nicht. Hier steht das Parlament, und hier wird mitunter auch demonstriert, aber das ist verhältnismäßig selten. Seit Kriegsende ist die Liberaldemokratische Partei (LDP) fast ununterbrochen an der Macht, und so schnell wird sich daran wohl nichts ändern.
Die Landespolitik wird im drögen Regierungsviertel Kasumigaseki gemacht, und es gibt viel zu tun: Dauerbrenner sind Themen wie Deflation, stagnierendes Wachstum, die Abkehr

KLISCHEE KISTE

NUR EIN MEGADORF
Wohin man auch geht, wen man auch fragt – die meisten Bewohner kommen eigentlich aus der tiefsten Provinz. Waschechte Hauptstädter, gern *Edokko* genannt, die seit Generationen hier wohnen, sind eher eine Seltenheit. Deshalb ist die Stadt während der Neujahrstage auch wie leergefegt, denn dann fahren alle nach Hause.

WIE EIN SCHWEIZER UHRWERK
Vielen Besuchern fällt in Tokio vor allem eins auf: Die Dinge funktionieren einfach. Die Züge sind zum Beispiel pünktlich. Der Service in den Geschäften läuft reibungslos. Alle Automaten sind in Ordnung. Das Geheimnis: Japaner lieben Details und sie lieben „Manuals" – Anleitungen für alles und jeden, um sicherzustellen, dass jedes Rädchen in dem gigantischen Uhrwerk so tickt, wie es ticken soll.

JAPANISCHES ESSEN IST JA SO GESUND!
Einerseits benutzt die japanische Küche sehr, sehr viel Gemüse und frischen Fisch. Andererseits liebt man auch sehr fette Speisen, Fast Food und ... Salz! *Ikawata*, eingelegte Tintenfischinnereien, bestehen aus sage und schreibe 5% Salz. Passt bestens zu *Sake* – war ja klar!

von der pazifistischen Verfassung, die Überalterung der Gesellschaft sowie Dauerzoff mit dem Lieblingsfeind, Südkorea.
In der von alten Männern dominierten japanischen Politik wird Tokio nun von einer Frau regiert. Yuriko Koike ist offiziell Gouverneurin der Hauptstadt, ihre Aufgaben sind mit denen einer Bürgermeisterin vergleichbar. Die LDP-Politikerin, die sich gegen den Willen ihrer Partei um eins der wichtigsten Ämter Japans bewarb, will Kosten sparen und ließ sich zum Amtsantritt ihr eigenes Gehalt kürzen. Nach der Vorbereitung Tokios auf die Olympischen Spiele hat Tokios Chefin mit dem Mangel an Einrichtungen für junge Familien sowie dem Müllproblem zu kämpfen, denn Tokios Müllhalden sind bald voll.

SILBERMARKT

Der Begriff „Silbermarkt" umschreibt den wachsenden Anteil, den Japans Senioren am Konsum haben. Es gibt mittlerweile ganze Industriezweige, die sich speziell auf die Bedürfnisse der vielen Millionen Japaner im Rentenalter eingestellt haben – ein durchaus lukrativer Markt. Mehr als jeder vierte Japaner ist über 65 Jahre alt. Eine Trendumkehr ist nicht in Sicht: Die Geburtenrate von Japan zählt mit durchschnittlich 1,4 Kindern, die eine Frau in ihrem Leben zur Welt bringt, zu den niedrigsten der Welt, in etwa vergleichbar mit Deutschland. Obgleich bereits lange über die Überalterung der Gesellschaft lamentiert wird, hat die Politik bisher nur wenig Anreize in Form von Kinderbetreuung oder finanzieller Unterstützung geschaffen, um die Geburtenrate zu erhöhen. Stattdessen müssen die meisten Frauen jegliche berufliche Tätigkeit nach der Geburt von Kindern aufgeben. Hinzu kommen horrende Kosten für die Bildung, da man allein mit der Bildung an öffentlichen Schulen nicht weit kommt.

SUMO

Während jüngere Japaner gern zu Baseballspielen gehen, zieht es ältere eher zum Nationalsport Sumo. Bei der über 1500 Jahre alten Sportart stehen sich weit über 100 Kilogramm schwere Ringer gegenüber, die in oft nur sekundenlangen Kämpfen ihre Muskeln spielen lassen. Das Image des Sports hat in den letzten Jahren durch mehrere Skandale um Bestechung, Verbindungen zur japanischen Mafia und Gewaltexzesse gelitten. Außerdem stammen die besten Kämpfer meist aus der Mongolei und Osteuropa. Trotzdem ist der Sport weiter sehr beliebt und ein Turnier ein Erlebnis!
Im Januar, Mai und September finden in Tokio zweiwöchige *Grand Sumo Tournaments* in der Kokugikan-Halle im Viertel Ryōgoku statt. Erhältlich sind die Tageskarten an den Schaltern vorm Haupteingang *(sumo.or.jp/en/index)*. Am besten kaufst du die Karten am Wochenanfang und möglichst früh – gegen sieben Uhr morgens. Danach kannst du erstmal ausgiebig frühstücken oder ins Edo-Tokyo Museum in der Nähe gehen. Denn die interessanten Kämpfe finden erst ab 14, 15 Uhr statt. Es lohnt sich auch, in der Eingangshalle Audiogeräte zu mieten, die die engli-

Sumo: Hier prallen gleich zwei kraftstrotzende Fleischberge aufeinander

schen Kommentare eines fachkundigen Moderators übertragen.

TRENDSETTER

Der Tokioter Nachwuchs – allen voran die *joshi kōsei*, die Oberschülerinnen – kreiert und diktiert so ziemlich alle Jugendtrends und Modeerscheinungen in Japan. Die wenigsten sind von Dauer, doch eine Art Leitthema dominiert die Szene schon lange: Hauptsache *kawaii,* also niedlich. Das hat schon so lange Tradition, dass sich selbst ältere Semester daran gewöhnt haben. Letztendlich ist es wie überall: Spaß ist angesagt, und ein bisschen Trotz gegenüber einer Gesellschaft, die traditionell das Gemeinwohl über den Einzelnen stellt. Allerdings gibt es auch Auswüchse wie *enjo kōsai (kurz: enkō)*, über Online-Dating vermittelte Prostitution von Schülerinnen, die so ihren enormen Geldbedarf für trendige Outfits decken wollen.

ZEITRECHNUNG

Bis 1945 galt der japanische Kaiser *(Tenno)* als gottgleich. Doch seit Ende des Zweiten Weltkriegs hat er eine rein zeremonielle Aufgabe und darf keinen Einfluss auf die Politik nehmen. Dennoch spielt er im Alltag eine Rolle, etwa bei der Schreibung von Jahreszahlen. Jeder neue Kaiser gibt ein Motto vor, nach dem die Ära benannt wird, zum Beispiel die Heisei-Ära („Frieden überall") unter Akihito. Letzterer bestieg den Thron 1989 – für Japaner das Jahr Heisei 1. Nach 31 Jahren dankte Akihito ab und machte so Platz für seinen Sohn, Naruhito. Somit begann 2019 eine neue Zeitrechnung: Das Jahr Reiwa 1. Zweimal im Jahr, am 23. Februar, dem Kaisergeburtstag, sowie am 2. Januar, zur Neujahrsansprache, zeigt sich der Kaier mit Familienmitgliedern auf dem Balkon des Kaiserpalastes in Tokio vor Tausenden Besuchern.

SIGHT SEEING

Die Hauptattraktionen von Tokio sind relativ schnell abgehakt, doch zu sehen gibt's darüber hinaus unendlich viel: Schönes und Merkwürdiges, Geschichtsträchtiges und Hypermodernes. Auf Streifzügen kannst du überall Schreine, Tempel und Denkmäler entdecken, die kein Reiseführer verzeichnet, sowie kleine Dinge, die für manchen die eigentliche Anziehungskraft der japanischen Hauptstadt darstellen.

Faszinierend an Tokio ist auch, wie man sich mit dem akuten Platzmangel arrangiert hat. Tokio ist zudem immer in Bewegung: Nach

Teehaus im Hamarikyū-Garten mit Blick aufs Wolkenkratzerviertel Shiodome

nur 10 Jahren sehen viele Straßen und Bahnhöfe ganz anders aus. Die kleinen Attraktionen fallen nicht immer sofort ins Auge, sie wollen aufgespürt werden zwischen Wolkenkratzern, Strommasten und knallbunten Plakatwänden.

Diese Kunst des selektiven Betrachtens beherrschen Japaner perfekt. Das Wesentliche zählt: der Zipfel eines elegant geschwungenen Tempeldachs, das filigrane Fenstergitter eines halb verfallenen Holzhauses, der postmoderne Glas- und Marmorbau zwischen Garagen aus Wellblech.

DIE STADTVIERTEL IM ÜBERBLICK

MARCO POLO HIGHLIGHTS

★ **SENSŌ-JI**
Farbenfroher Trubel beim Tempel der barmherzigen Gottheit ➤ S. 35

★ **NATIONAL MUSEUM**
Intensivkurs in japanischer Kulturgeschichte ➤ S. 36

★ **SHIBUYA SCRAMBLE CROSSING**
Diese Kreuzung ist Sinnbild der Menschenmassen in Tokio ➤ S. 39

★ **MEIJI-SCHREIN**
Inmitten der Großstadthektik ein Ort der Besinnung ➤ S. 41

★ **ROPPONGI HILLS**
Eine Stadt in der Stadt – das Wahrzeichen des modernen Tokio ➤ S. 43

★ **HAMARIKYŪ-GARTEN**
Traditionelles Teehaus vor modernen Wolkenkratzern ➤ S. 48

★ **TOYOSU**
Grandioses Spektakel auf dem größten Fischmarkt der Welt ➤ S. 49

★ **TOKYO SKYTREE**
Großartiger Blick vom zweithöchsten Bauwerk der Welt ➤ S. 52

★ **YANAKA & NEZU**
Viertel mit viel Historie und Flair ➤ S. 52

★ **KAMAKURA**
Die alte Hauptstadt am Meer ist reich an Tempeln, Gärten und Schreinen ➤ S. 61

★ **FUJI-SAN**
Jeden Sommer pilgern Hunderttausende auf den heiligen Berg Japans ➤ S. 63

UENO & ASAKUSA S. 34
Großartige Museen und viel Grün
KAISERPALAST & MARUNOUCHI S. 30
Das Gute liegt im eng bebauten Tokio sehr nah
ARAKAWA
荒川区
TAITO
台東区
SUMIDA
墨田区
CHUO
中央区
KOTO
江東区
Yanaka
National Museum
Nezu
Sensō-ji
Tokyo Skytree
Tōkyō Station
Hamarikyū-Garten
Toyosu
江北橋通り Kohokubashi-dori Ave.
平和橋通り Heiwabashi Dori
墨堤通り Bokutei Dori
Sumida River
Arakawa River
吉野通り Yoshino-dori
墨堤通り Bokutei Dori
明治通り Meiji-dori Ave.
不忍通り Shinobazu
Dori
中央通り Chuo-dori
春日通り Kasuga-dori
浅草通り Asakusa-dori
三ツ目通り Mitsume-dori
蔵前橋通り Kuramaebashi-dori
新大橋通り Shin-ohashi-dori
四ツ目通り Yotsume-dori
丸八通り Maruhachi-dori
葛西橋通り Kasaibashi-dori
新大橋通り Shin-ohashi-dori
晴海通り Harumi-dori
築地通り Kanni-dori
1 km
0.62 mi

Allein in den vergangenen 100 Jahren wurde die Stadt durch verheerende Erdbeben und massive Bombenangriffe dem Erdboden gleichgemacht. Und dennoch findet man erstaunlich viel Geschichte und vielleicht gerade deshalb sehr viel Kunst. Eine Abkürzung zum Kunstgenuss bieten die zahllosen Museen und Galerien. Achtung: Diese sind oft montags und während der Neujahrsfeiertage sowie bei Ausstellungswechsel geschlossen. Für Sonderausstellungen gelten höhere Eintrittspreise als hier angegeben.

Noch ein Rat: Am besten auf die japanische Kunst konzentrieren, denn die ist in Asien etwas ganz Besonderes. Ein kurzes Anlesen von Begriffen wie *kintsugi, wabi & sabi* oder *mono-no-aware* hilft dir dabei ungemein, das japanische Kunstverständnis ein bisschen zu begreifen und damit besser genießen zu können.

WOHIN ZUERST?

Shibuya Station *(📖 F10)*: In der Riesenstadt Tokio hast du beim Ausgangspunkt die Qual der Wahl, da es verschiedene Stadtzentren gibt. Willst du Tradition und Moderne auf engstem Raum erleben, bist du in Shibuya bestens aufgehoben. Der Einkaufskult der Teens und Twens sowie das immense Gewusel um die Shibuya Scramble Crossing prägen dieses Viertel ebenso wie das größte Shintō-Heiligtum der Stadt, der Meiji-Schrein. Entweder erreichst du Shibuya Station mit der U-Bahn (Z 01, G 01, F 16) oder mit der S-Bahn (Yamanote, Saikyo, Shonan-Shinjuku-Linien).

KAISERPALAST & MARUNOUCHI

Um den Kaiser, der beschützt von hohen Mauern und seinen Hofbeamten im Palast seinen Pflichten als oberster Shintō-Priester und „Symbol des Volkes" nachkommt, scharen sich die Mächtigen des Landes.

Auf der einen Seite sind das Japans Politiker mit Parlament und Abgeordnetenbüros sowie Bürokraten in Ministerien und Ämtern, auf der anderen, im Geschäftsviertel *Marunouchi*, Japans Topunternehmen und Medienkonzerne.

Der Kaiserpalast als solcher existiert eigentlich nicht mehr – hier stand bis ins 19. Jh. die Burg von Edo, damals die wohl größte Burg der Welt. Die heutigen Gebäude liegen im Grün versteckt. Die Burggräben und Mauern existieren jedoch zum Teil noch und bieten eine bezaubernde Kulisse vor den umliegenden Häuserschluchten.

1 HAUPTBAHNHOF (東京駅 (赤煉瓦の駅舎))

Der Amsterdamer Zentralbahnhof diente Kingo Tatsuno als Vorbild für den 1914 erbauten Bahnhof Tokio *(To-*

Trügerische Idylle mit Schwan: Burggraben und Mauern schützen den Kaiserpalast

kyo-eki). Bei den amerikanischen Luftangriffen 1945 wurde das Gebäude stark beschädigt, doch nach einer umfassenden Renovierung auf der Marunouchi-Seite hat es viel von seinem ursprünglichen Charme zurückgewonnen. Hinein geht's ins Getümmel. Denn alle Großbahnhöfe der Hauptstadt sind ein absolutes Erlebnis, allen voran der *Tokyo-eki:* Die Menschenmassen zur Hauptverkehrszeit, die kilometerlangen unterirdischen ☂ Einkaufsstraßen auf der Yaesu-Seite des Bahnhofs – hier kann man eine Art Crashkurs in Sachen Hauptstadtleben absolvieren. Im Bauch des Bahnhofs findet der Maskottchen- und Figurenjäger in der *Character Street* fette Beute. Hier kann der moderne Sammler eine Menge Geld lassen. *U-Bahn M 17 Tokyo | S-Bahn Yamanote Tokyo |* 🕮 *O7*

INSIDER-TIPP
Maskottchenwahn im Untergrund

2 INTERMEDIATHEQUE (インターメディアテク)

2013 wurde an der Stelle des alten Postamts der 38-stöckige JP Tower hochgezogen. Zum Glück bewahrten die Bauherren einen Großteil der 1931 designten Fassade. Zwei Stockwerke sind für die Intermediatheque reserviert, ein außergewöhnliches Museum mit einem Themenspektrum von Musik über Medien bis Medizin. Die häufig wechselnden Ausstellungen werden ergänzt durch Filmvorführungen und Konzerte. *Di–Do 11–18, Fr/Sa bis 20 Uhr | Eintritt frei | 2-7-2 Marunouchi | 2-7-2* 丸の内 *| JP Tower | Chiyoda-ku |* 千代田区 *| intermediatheque.jp/en | U-Bahn M 17 Tokyo | S-Bahn Yamanote Tokyo |* 🕮 *O7*

3 TOKYO INTERNATIONAL FORUM (TIF) (東京国際フォーラム)

Von „atemberaubend schön!" bis „kalt und abstoßend" lauten die Meinungen über den Mehrzweckbau mit Konzertsälen, Konferenzräumen, Restaurants und Läden. Fest steht: Die 60 m hohe gläserne Atriumhalle ist trotz der erdbebensicheren Stahlkonstruktion filigran und leicht. *3–5-1 Marunouchi* | *3-5-1* 丸の内 | *Chiyoda-ku* | 千代田区 | *t-i-forum.co.jp/en* | *S-Bahn Yamanote Yūrakuchō* | *U-Bahn Y 18 Yūrakuchō* | *O7*

4 IDEMITSU MUSEUM OF ART (出光美術館)

Eines der größten privaten Museen in Tokio mit der weltweit größten Sammlung von Tuschbildern und Kalligrafien des Zenmönchs Sengai (1750–1837). Holzschnitte und Genremalereien von bedeutenden Künstlern geben Einblick in die längst vergangene Welt der Vergnügungsviertel von Edo und Kyoto. In der Haupthalle sind wertvolle chinesische und japanische Keramiken versammelt. *Di–So 10–17, Fr bis 19 Uhr* | *Eintritt 1000 Yen* | *Teigeki Bldg. 9F* | *3-1-1 Marunouchi* | *3-1-1* 丸の内 | *Chiyoda-ku* | 千代田区 | *idemitsu-museum.or.jp/en* | *U-Bahn H 07, C 09 Hibiya* | *N8*

5 KAISERPALAST (皇居)

Der Kaiserpalast sowie große Teile des 110 000 m² umfassenden Palastgeländes sind für die Öffentlichkeit geschlossen. Nur am Geburtstag des Kaisers (23. Februar) sowie am 2. Januar sind Teile der inneren Gärten geöffnet, und die Kaiserfamilie zeigt sich auf einem Balkon. Zugänglich ist ansonsten nur der Ostgarten, ehemals Standort der mächtigen Burg von Edo, in der von 1603 bis 1867 die Shōgune residierten.

Doch ein Spaziergang entlang der Palastmauern lohnt durchaus, führt er doch vorbei an den massiven Mauern und Wachhäusern der Edo-Zeit sowie unbezwingbar erscheinenden Toren wie dem *Sakuradamon* *(M7)*, dem „Kirschfeld-Tor". Den *Haupteingang* *(N7)* zum Kaiserpalast erkennt man leicht an den beiden Brücken und dem Fushimi-Turm, einem der drei erhaltenen Originalgebäude der alten Edo-Burganlage.

Im *Ostgarten* *(M–N6)* führt der Weg durch das Ōtemon, das vollständig erhaltene Haupttor der Edo-Burg, an einem alten Wachhaus vorbei hinauf zum *Hon-no-maru*, dem Hauptteil der Burg. Zu sehen sind dort nur noch ein alter Wachturm und das Fundament des einst mächtigen Bergfrieds.

Hinter dem Bergfried, doch nicht mehr im Ostgarten, liegt der *Kitanomaru-Park* mit der Kampfsport- und Konzerthalle *Budōkan*, in der wie 1964 auch im Jahr 2021 die olympischen Judowettkämpfe stattgefunden haben. Am Parkrand befinden sich einige Museen, darunter das für Moderne Kunst.

Falls du zur Zeit der Kirschblüte in Tokio bist, solltest du auf gar keinen Fall versäumen, entlang des mit Hunderten von Kirschbäumen bestandenen *Burggrabens Chidorigafuchi* zu flanieren. Die Ende März in voller Blüte stehenden Kirschbäume am Burggraben

INSIDER-TIPP
Kirsche bei Nacht

sind tagsüber schön, aber nachts angestrahlt als „Yozakura" (Nachtkirsche) fast noch schöner, zumal es dann auch etwas ruhiger ist. *Ostgarten: meist Di–Do, Sa, So 9–16 oder 17 Uhr (wegen Zeremonien unregelmäßig geöffnet) | 1-1 Chiyoda | 1-1* 千代田 *| Chiyoda-ku |* 千代田区 *| kunaicho.go.jp/eindex.html | U-Bahn C 11, Z 08 Ōtemachi |* *M–N 6–7*

6 PARLAMENT (国会議事堂)

Inmitten des eher langweiligen, da recht einfallslosen Regierungsviertels

Viel Atmosphäre und tolle Fotomotive beim Schreinfest im Sensō-ji

Kasumigaseki erscheint das 1936 fertiggestellte, gut 200 m lange *Diet Building* fast wie eine Fata Morgana. Anklänge an deutsche Monumentalarchitektur jener Zeit sind nicht ganz zufällig. Außerhalb der Plenarsitzungen sind Besichtigungen möglich, doch die teilt man sich meistens mit zahllosen Schulklassen *(Mo–Fr 8–17 Uhr | sangiin.go.jp/eng/info/dbt). 1-7-1 Nagata-cho | 1-7-1* 永田町 | *Chiyoda-ku* | 千代田区 | *U-Bahn M 14, C 07 Kokkaigijidō-mae* | *L7–8*

7 NATIONAL MUSEUM OF MODERN ART (東京国立近代美術館)

Hier kannst du dir einen guten Überblick über die japanische Kunstszene des 20. Jhs. verschaffen. Separat untergebracht ist die Abteilung für Kunsthandwerk in einem neugotischen Backsteinbau. Im 1910 errichteten einstigen Hauptquartier der kaiserlichen Wache werden japanische Keramik, Lack- und Metallarbeiten, Textilien und Korbwaren präsentiert. *Di–So 10–17, Fr bis 20 Uhr | Eintritt 500 Yen | 3-1 Kitanomaru Kōen | 3-1* 北の丸公園 | *Chiyoda-ku* | 千代田区 | *momat.go.jp/ge/ger_museum* | *U-Bahn T 08 Takebashi* | *M–N5*

UENO & ASAKUSA

Asakusa, der Stadtteil rund um den Sensō-ji (auch als Asakusa-Kannon-Tempel bekannt), ist die Wiege der Edo-Kultur. Das Sündenbabel Yoshiwara mit seinen Kurtisanen und die Schauspieler des Kabukitheaters sind jedoch Vergangenheit.

Doch selbst heute spürt man noch etwas von dieser Atmosphäre. Etwa beim Besuch des Nachbarschaftsbadehauses, das auch von auffällig tätowierten *Yakuza*-Gangstern frequentiert wird. Oder wenn man auf der Straße einem alten Mann im Baumwollkimono begegnet, der höflich eine Asakusa-Geisha grüßt. Nebenan, im Bezirk *Ueno*, locken im Nationalmuseum Japans Kunstschätze. In beiden Vierteln lässt sich auch die Gegenwart nicht ausblenden: Obdachlose haben ihre Plastikplanendomizile am Sumida-Fluss aufgeschlagen.

8 SENSŌ-JI (浅草寺) ★

Im Jahr 628, so will es die Legende, zogen zwei Fischer mit ihren Netzen eine kleine Statue der Barmherzigkeitsgöttin Kannon aus dem Miyato-Fluss. Als alle Versuche fehlschlugen, die Figur ins Wasser zurückzubefördern, lieferten die beiden den mysteriösen Fund bei ihrem Herrn ab. Dieser ließ alsbald eine Halle errichten – den Vorläufer des heutigen Tempels. Der spätere Bau von 1692 überstand zwar das große Kantō-Erdbeben von 1923, nicht aber die Bombenangriffe des Zweiten Weltkriegs. Die Rekonstruktion aus Stahlbeton wurde 1958 eingeweiht.

Der Sensō-ji ist bis heute das Zentrum des früheren Vergnügungsviertels Asakusa. Wie eng hier geistige Funktion und weltlicher Handel zusammenhängen, erfährt noch heute jeder Besucher, der an Wind- und Donnergott vorbei durch das mächtige Südtor Kaminarimon (Donnertor) unter der gewaltigen roten Laterne hindurch die quirlige Ladenstraße Nakamise betritt, die auf den Sensō-ji zuführt. Mit dem prächtigen Golddrachentanz wird zweimal im Jahr (18. März und 18. Oktober) am Sensō-ji die Entdeckung der kleinen Kannon-Figur gefeiert. *Sommer tgl. 6–17, Winter ab 6.30 Uhr | 2-3-1 Asakusa | 2-3-1 浅草 | Taitō-ku | 台東区 | U-Bahn G 19, A 18 Asakusa |* *S1*

9 ASAKUSA-SCHREIN (ASAKUSA-JINJA) (浅草神社)

Der shintoistische Schrein ist den beiden Fischern und ihrem Herrn aus der Gründungslegende des benachbarten Sensō-ji-Tempels gewidmet. Wie durch ein Wunder überlebte der Schrein, im Gegensatz zum benachbarten Sensō-ji-Tempel, die Feuerhölle nach den Luftangriffen auf Tokio 1944/45. Die Haupthalle *(honden)* und das Gebetshaus *(haiden)* sind noch aus dem 17. Jh und zählen zu Japans wichtigsten Kulturgütern. Das Schreinfest im Mai, *Sanja-Matsuri*, zählt zu den faszinierendsten Spektakeln der Stadt. Das Fest findet alljährlich von Freitag bis Sonntag am 3. Wochenende im Mai statt und zieht im Schnitt rund 2 Mio. Besucher an. Bei der Prozession werden die Götter in den prächtigen *mikoshi* genannten, tragbaren Schreine durch die Straßen getragen – es wird viel getanzt, gesungen und angefeuert.

INSIDER-TIPP: Auch Yakuza wollen feiern

Das Sanja-Matsuri kann man auch als Yakuza-Parade bezeichnen. Die legendären Gangster sind sehr präsent und zeigen mit Freude ihre farbenprächtigen Tattoos. Das versucht man zu unterbinden – bisher wenig erfolgreich. *Tgl. 6–17 Uhr | 2-3-1 Asakusa | 2-3-1* 浅

草 | *Taitō-ku* | 台東区 | *U-Bahn G 19, A 18 Asakusa* | *S1*

10 NATIONAL MUSEUM (東京国立博物館) ★

Das National Museum zählt zu den zehn größten Museen für asiatische Kunst weltweit. Mit fast 2 Mio. Besuchern pro Jahr ist es auch eins der beliebtesten. Das pompöse Hauptgebäude ist den japanischen Kunstschätzen vorbehalten. Unter den etwa 120 000 Objekten – vor allem Gemälde, Kalligrafien, Skulpturen, Textilien, Keramiken, Schwerter und Rüstungen – wurden 87 als Nationalschätze und weitere 634 als wichtiger Kulturbesitz klassifiziert. Dazu zählen über 5000 Jahre alte Tongefäße, alte Kimonos, Noh-Masken, prachtvolles Porzellan und vieles mehr. Alles Vorhandene auf einmal zu präsentieren ist unmöglich, darum werden die Exponate mehrmals im Jahr gewechselt. Mehrmals jährlich werden zudem Sonderausstellungen gezeigt. Das rechte Nebengebäude, Toyōkan, ist der Kunst anderer asiatischer Länder gewidmet. Hier sind ebenfalls häufig größere Sonderausstellungen zu sehen.

Der moderne Bau namens Heiseikan links hinter dem Hauptgebäude beherbergt archäologische Funde aus ganz Japan. Neben den Töpferwaren aus der mittleren Jōmon-Zeit (3500–2000 v. Chr.) faszinieren vor allem die tönernen Haniwa-Figuren – Menschen, Tiere, Häuser und Boote –, die vom 3. bis zum 7. Jh. als Grabbeigaben dienten.

In der vorderen, linken Ecke des weiträumigen Areals liegt das Schatzhaus des Tempels Hōryūji in Nara, das Bonbon der Sammlung und ein sehr empfindliches dazu, das entsprechend behutsam behandelt wird. Mit Rücksicht auf die mehr als tausendjährigen Objekte, viele sind aus Holz oder Papier, sind einige Bereiche nur am Wochenende zugänglich. Bei Regen oder wenn die Luftfeuchtigkeit 70 Prozent übersteigt, bleiben manche Bereiche des Schatzhauses ebenfalls geschlossen. *Di–So 9.30–17 Uhr, bei Sonderausstellungen länger | Eintritt 620 Yen | 13-9 Ueno Kōen | 13-9* 上野公園 | *Taitō-ku* | 台東区 | *tnm.jp* | *U-Bahn*

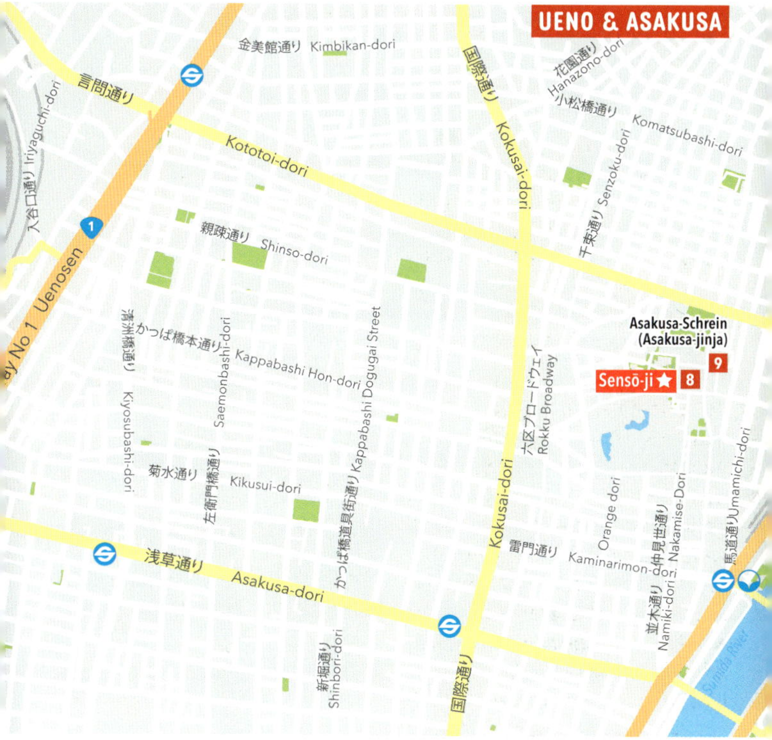

G 16, H 17 Ueno | S-Bahn Yamanote Ueno | P1

11 TOKYO METROPOLITAN MUSEUM OF ART (東京都美術館)

Das Museum bringt in Kooperation mit anderen Schwergewichten der Kunstszene wie dem Louvre immer wieder spektakuläre Ausstellungen nach Tokio. *Tgl. 9.30–17.30 Uhr | Eintritt frei, Sonderausstellungen kosten extra | 8–36 Ueno Koen | 8–36 上野公園 | Taitō-ku | 台東区 | tobikan.jp/en | U-Bahn G 16, H 17 Ueno | S-Bahn Yamanote Ueno | P1*

12 NATIONAL MUSEUM OF NATURE AND SCIENCE (国立科学博物館)

Bei spannenden Ausstellungen von Dinosauriern bis zum Weltraumflug kommt die ganze Familie auf ihre Kosten. Aufregend: Im 3D-Theater *360* stehen kleine und große Besucher auf einer Brücke – und gleichzeitig mitten im Film. *Di–Do, So 9–17, Fr/Sa bis 20 Uhr | Eintritt 620 Yen, Kinder und Jugendliche frei | 7–20 Uenokoen | 7–20 上野公園 | Taito-ku | 台東区 | kahaku.go.jp/english | U-Bahn G 16, H 17 Ueno | S-Bahn Yamanote Ueno | P1*

Der Duft des alten Edo: Ein Holzschnitt wird im Shitamachi Museum hergestellt

13 UENO-PARK (上野公園)

Das Standbild von Takamori Saigō am Haupteingang erinnert an die blutige Schlacht, die hier im Mai 1868 tobte. Unter Führung von Saigō wurde das letzte Aufgebot des Tokugawa-Shōgunats vernichtend geschlagen. Der Weg für Japans Aufstieg zu einer modernen Nation war damit geebnet. Eines der ersten Resultate ist der Ueno-Park selbst. Die neue Meiji-Regierung ließ auf dem ehemaligen Schlachtfeld eine öffentliche Parkanlage entstehen, die einiges zu bieten hat: neben etlichen Museen und Konzerthallen auch das Restaurant *Seiyōken*, in dem man schon seit 1876 westlich speisen kann, sowie den *Tōshōgū-Schrein*, dessen Zufahrt zahlreiche Bronze- und Steinlaternen säumen. Wenn die mehr als 1000 Kirschbäume im April blühen, quillt der Park vor Besuchern über, die ausgelassen *Hanami*, die „Kirschblütenschau", feiern – ein echtes Erlebnis!

Immer hübsch anzusehen ist das Puppen-Ensemble zu Füßen der Barmherzigkeitsgottheit Kannon am *Kiyomizu-Tempel*: Spenden dankbarer Eltern, denen ihr Kinderwunsch erfüllt wurde. Jedes Jahr am 25. September um Punkt 14 Uhr wird die Puppenschar in einer feierlichen Zeremonie verbrannt, um Neuzugängen Platz zu machen.

Abstand ist geboten von einer anderen Gottheit, der Benten-sama, die in einem Tempel auf einem Halbinselchen im Shinobazu-See residiert: Getrieben von notorischer Eifersucht, soll sie schon so manche zarten Bande jäh zerrissen haben! *Durchgehend geöffnet | 5-20 Ueno Koen | 5-20 上野公園 | Taitō-ku | 台東区 | U-Bahn G 16, H 17 Ueno | S-Bahn Yamanote Ueno |* *P1–2*

14 SHITAMACHI MUSEUM (下町風俗資料館)

Wenn es dir partout nicht gelingen will, im Beton-Häusermeer noch einen Hauch des alten Edo zu verspüren, kannst du mit einem Spaziergang zu diesem kleinen schwarzweißen Bau am südlichen Rand des Ueno-Parks etwas nachhelfen. Straßenszenen, Einblicke in Werkstätten, Läden und Wohnräume, Alltagsutensilien und Fotos aus der Zeit vor dem großen Erdbeben von 1923 helfen der Fantasie auf die Sprünge. *Di–So 9.30–16.30 Uhr | Eintritt 300 Yen | 2-1 Ueno Koen | 2-1* 上野公園 | *Taitō-ku* | 台東区 | *taitocity.net/zaidan/shitamachi | U-Bahn G 16, H 17 Ueno | S-Bahn Yamanote Ueno* | *P2*

SHIBUYA & HARAJUKU

Jung, modisch, schick und schrill sind die beiden Viertel Shibuya und Harajuku. Doch auch das traditionelle Japan findet sich hier: Der Meiji-Schrein, dessen Haupteingang nur wenige Meter vom Bahnhof Harajuku entfernt liegt, ist Tokios wichtigstes Shintō-Heiligtum.

In Shibuya, jenseits der meistgefilmten und meistfotografierten Kreuzung der Welt, ★ *Shibuya Scramble Crossing* mit ihren Menschenmassen und Megabildschirmen, liegt das Epizentrum von Japans Jugendkultur. Horden von Oberschülerinnen bevölkern dieses Teeny-Wonderland, das Konsum- und Entertainmentparadies der Hauptstadtjugend. Die Kreuzung hat sich in den letzten Jahren auch zum Treffpunkt gemausert – hunderttausende Menschen, vorwiegend aus Ostasien, versammeln sich zum Beispiel hier rund um Halloween, um ausgelassen zu feiern.

Wo Harajuku, das Viertel um die gleichnamige S-Bahn-Station, anfängt und aufhört, weiß niemand so richtig. Harajuku bedeutet Street-Fashion, Kreativität, bunte Crêpes und schrille Kreationen für die Kids in der Takeshita-dōri.

Nebenan, auf Tokios Prachtboulevard, der *Omotesandō*, geben sich internationale und japanische Topdesigner ein Stelldichein. Hier ist ein Lieblingsrevier der markenbewussten Hauptstadtbewohner. Sehr spannend sind auch die Seitenstraßen der Flaniermeile, in denen du kleine Läden junger Modemacher, Friseure, Innenausstatter und Restaurants erkunden kannst. Die Cat Street, die von der Omotesandō abgeht und parallel zur Straße Meiji-dōri verläuft, hat eine ganz eigene Atmosphäre mit bunten Shops, die von Schnickschnack bis funktionaler Outdoorbekleidung alles bieten.

15 HACHIKŌ (ハチ公)

Wo verabredet man sich in Shibuya? Am Hachikō natürlich, dem Bronzedenkmal eines Akita-Hundes. Hachikō, 1923 geboren, gehörte einem Professor der Kaiserlichen Tokio Universität. Jeden Abend war er pünktlich zur Stelle, um seinen Herrn vom Bahnhof abzuholen. Auch nach dessen Tod trottete Hachikō weiter zur gewohnten Zeit an

den gewohnten Ort, bis er nach zehn Jahren selbst das Zeitliche segnete. Schon zu seinen Lebzeiten hatte man ihm ein Denkmal gesetzt. Im Krieg wurde es eingeschmolzen. Seit 1948 hält Hachikō hier wieder Wache, die treuen Hundeaugen auf den Ausgang des Bahnhofs gerichtet. *2–1 Dogenzaka | 2–1 渋谷駅 | Shibuya-ku | 渋谷区 | U-Bahn G 01, Z 01, F 16 Shibuya | S-Bahn Yamanote Shibuya | F10*

16 TOGURI MUSEUM OF ART (戸栗美術館)

In diesem massiven Bau findest du eine exquisite Sammlung feinsten

Porzellans aus Japan, China und Korea. Museumsgründer Tohru Toguri hat diese wertvollen Exponate innerhalb von 60 Jahren zusammengetragen. *Di–So 10–17, Fr bis 20 Uhr | Eintritt 1000 Yen | 1-11-3 Shoto | 1-11-3 松濤 | Shibuya-ku | 渋谷区 | toguri-museum.or.jp/english | S-Bahn Keio Inokashira Shinsen | U-Bahn Z 01, G 01, F 16 Shibuya |* *E10*

17 YOYOGI-PARK (代々木公園)

Der ehemalige Exerzierplatz der kaiserlichen Armee atmet am Wochenende einen Hauch New Yorker Central-Park-Atmosphäre. Von Sonnenaufgang bis in die Nacht hinein dient die Grünanlage Joggern, Radfahrern, Musikern und Akrobaten als Übungsplatz. Im Park trainieren Jongleure neben Trompetern, spielen Studenten auf imaginären Bühnen und trippeln mit Sonnenbrille und Jäckchen herausgeputzte Hündchen an der Seite stolzer Besitzer. An Wochenenden suchen Tausende Erholung bei einem Picknick auf der ausladenden, von Kirsch- und Ahornbäumen gesäumten Wiese. Am südostlichen Eingang sammeln sich sonntags Anhänger allerlei Subkulturen und bieten schräge Fotomotive wie tanzende Rock'n'Roller, die Jungs mit gestylter Haartolle, die Mädchen im Petticoat. Unbedingt die Kamera mitnehmen! *Rund um die Uhr geöffnet | 2-1 Yoyogi-Kamizono-cho | 2-1 代々木華園町 | Shibuya-ku | 渋谷区 | U-Bahn C 03, F 15 Meijijingūmae | S-Bahn Yamanote Harajuku |* *E–F 7–8*

18 MEIJI-SCHREIN (MEIJI-JINGŪ) (明治神宮) ★

Kaum ein zweites Bauwerk in Tokio ist so elegant und beeindruckend wie der 1920 eingeweihte, 1945 zerbombte und 1958 wieder aufgebaute Meiji-Schrein: Kurz, aber bewegt ist die Geschichte des Schreins, der dem Meiji-Kaiser (1852–1912) und seiner Gemahlin Shōken (1849–1914) gewidmet ist. Er strahlt eine solche Ruhe und Würde aus, als stünde er schon seit Jahrhunderten. Und er ist gut geschützt: 100 000 Büsche und Bäume schirmen ihn ab von der Hektik der Stadt. Zwei riesige *torii* – aus Stein das erste, aus tausendjährigem Zypressenholz das zweite dieser Ehrentore – überspannen den breiten Kiesweg.

Rechts von der Haupthalle sieht man an Bäumen und Gestellen unzählige Votivtäfelchen hängen. Nicht nur Einheimische haben darauf ihre Wünsche an die Zukunft verewigt. Folge getrost deren Beispiel, denn Japans Shintō-Götter scheren sich überhaupt nicht um Sprachbarrieren!

Blühen im Mai oder Juni die Schwertlilien, lohnt sich ein Abstecher zum Irisgarten. Schon Kaiserin Shōken erholte sich hier von den Strapazen des Monarchendaseins. Im Schatzhaus hinter dem Schrein sind Gegenstände aus dem Besitz des Kaiserpaares ausgestellt. Ginkgo ist der Wappenbaum von Tokio – man findet das markante Blatt überall in der Stadt, zum Beispiel auf Bussen und Metros. Am Meiji-Schrein gibt es eine vor allem im Herbst wunderschöne, da knallgelbe, Ginkgo-Allee.

INSIDER-TIPP
Im Zeichen des Ginkgos

Im Meiji-Schrein finden häufig traditionelle Zeremonien und Festivitäten statt, die unbedingt einen Besuch wert sind. Ein Blick auf die Website lohnt, denn dort kann man aktuelle Termine einsehen. *Schrein tgl. 9–16 Uhr, Park von Sonnenauf- bis -untergang | 1-1-1 Yoyogi-Kamizono-cho | 1-1-1 神園 | Shibuya-ku | 渋谷区 | meijijingu.or.jp/english | U-Bahn C 03, F 15 Meijijingūmae | S-Bahn Yamanote Harajuku |* *E7–8*

SCHREINE UND TEMPEL

Als Faustregel gilt: Shintō-Schreine erkennt man an den doppelbalkigen Eingangstoren, den *torii*, sowie an den Endungen -jinja oder -sha, buddhistische Tempel dagegen an den Pagoden und Swastika-Ornamenten sowie an den Endungen -ji, -in oder -era. Die Zierelemente können sich jedoch durchaus ähneln, und manchmal sind Tempel und Schrein auch zu einer Anlage verschmolzen.

So fließend wie die Architekturformen sind auch die Übergänge in den Religionen selbst: Zum Shintō, der japanischen Urreligion, die ihre Ursprünge im Schamanismus und Animismus hat, gesellte sich im 6. Jh. der Buddhismus. Glaubenskriege blieben aus, eine Entscheidung für die eine oder andere Religion ist in Japan nicht erforderlich. Für die fröhlichen Ereignisse im Leben – wie Geburt oder Heirat – sind normalerweise die Shintō-Götter zuständig. Bestattungen werden eher nach buddhistischem Ritus vollzogen, da der Tod im Schintoismus als etwas Unreines gilt.

19 UKIYO-E ŌTA MEMORIAL MUSEUM OF ART (浮世絵　太田記念美術館)

Je kleiner das Museum, desto größer der Kunstgenuss! Ein Satz, der auf das besucherfreundlich gelegene Ōta-Museum voll zutrifft, in dem du Tokios größte und schönste Sammlung von Holzschnitten (Ukiyo-e) bewundern kannst. Die Sammlung umfasst über 12 000 Holzschnitte von Meistern wie Hiroshige (1797–1858) und Utamaro (1753–1806). Hinzu kommen wechselnde Themen-Ausstellungen. Ein kleiner Steingarten mit Bank und Laternen vervollständigt das behagliche Ambiente. Eine Teestube im Untergeschoss lädt zur Rast ein. *Di–So 10.30–17.30 Uhr, unregelmäßige Ruhetage, Kalender auf der Website | Eintritt 700–1000 Yen | 1-10-10 Jingūmae | 1-10-10 神宮前 | Shibuya-ku | 渋谷区 | ukiyoe-ota-muse.jp/eng | U-Bahn C 03, F 15 Meijijingūmae | S-Bahn Yamanote Harajuku |* *F8*

20 NEZU-MUSEUM (根津美術館)

Ein Museumsjuwel: Der Neubau von Kengo Kuma gibt der sehenswerten Privatsammlung das architektonische I-Tüpfelchen. Museumsgründer Nezu Kaichirō begann seine Sammlung zu einer Zeit, als Japans ehemalige Feudalfürsten ihre Kunstschätze gegen Bares eintauschten. Er hat Werke einheimischer Künstler ebenso gesammelt wie Meisterstücke aus China und

Die Götter haben viel zu tun am Meji-Schrein: Holztafeln mit Wünschen

Korea. Auch der große Garten lohnt einen Abstecher: eine schattige Großstadtoase mit Teich, Steinlaternen und Teehäusern, in denen auch Teezeremonien stattfinden. Besonders begehrt sind die Fensterplätze mit Blick auf den Garten im Nezu-Café. *Di–So 10–17 Uhr | Eintritt 1300 Yen | 6-5-1 Minami-Aoyama | 6-5-1 南青山 | Minato-ku | 港区 | nezu-muse.or.jp/en | U-Bahn G 02, C 04, Z 02 Omotesandō |* *H10*

ROPPONGI & AKASAKA

Nirgendwo hat sich Tokio so rasant verändert wie hier: Bis vor einigen Jahren galt Roppongi noch als reines Vergnügungsviertel, während Akasaka als Nobelhotelviertel ergraute.

Mit dem Bau der beiden Wolkenkratzerkomplexe Roppongi Hills und Tokyo Midtown ist die städtebauliche Zukunft – zumindest für die Wohlhabenderen – in die beiden Viertel eingezogen: „Stadt in der Stadt" heißt das Konzept. Auch Kunstliebhaber kommen auf ihre Kosten im sogenannten Tokioter Kunstdreieck mit dem National Art Center, dem Museum in Roppongi Hills und dem Suntory Museum in Tokyo Midtown.

21 ROPPONGI HILLS (六本木ヒルズ) ★

„Die Stadt in der Stadt" ist ein Wahrzeichen des modernen Tokio. Rund zwei Milliarden Euro hat der 116 000 m² große City-Komplex gekostet. Im Zentrum des ambitionierten Projekts thront der 54-stöckige *Mori Tower* mit Museum und Aussichtsdeck. Die „City" beheimatet außerdem mehr als 200 Geschäfte und Restaurants, ein Luxushotel, vier Wohnblocks, eine riesige,

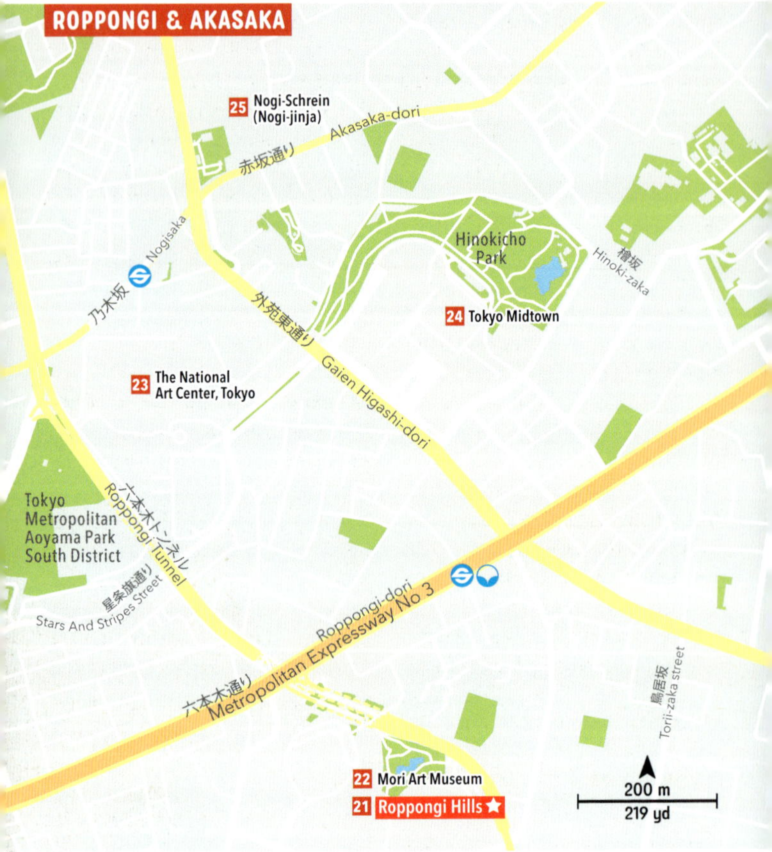

oft für Veranstaltungen genutzte Plaza, die Zentrale des TV-Senders Asahi und einen Kinokomplex. Kunstobjekte wie die 10 m hohe Spinne von Louise Bourgeois oder der japanische Garten sorgen beim „Stadtbummel" durch Roppongi Hills zusätzlich für Abwechslung und Inspiration.

Roppogi Hills ist auch einer der Orte, an dem es sich lohnt, einfach mal von den großen Geschäftsstraßen abzuschweifen und sich durch die kleinen Seitenstraßen treiben zu lassen, um die für Tokio so typischen Kontraste zwischen Alt und Neu zu erleben. Denn im Schatten der glamourösen Boutiquen und Edelrestaurants von Roppongi Hills, die man so auch in New York oder London findet, haben sich im Bezirk *Azabujuban* noch kleine Läden gehalten, die auf lackierte Holzschuhe, *yukata* (Kimonos aus Baumwolle) oder *tenugui* (traditionelle Baumwollhandtücher) spezialisiert sind. Auf der Straße kannst du zudem frisch gebackene *senbei*, Reiscracker, oder *taiyaki*, mit süßer Bohnenpaste gefüllte Waffeln, genießen. Im Winter gibt es *yakiimo*, dampfende Süßkartoffeln vom fahrbaren Grill, deren Fahrer durch Megafone lautstark ihre Ware anbieten. Garantiert entdeckst du bei einem Spaziergang noch mehr typisch Japanisches. *6–10-1 Roppongi | 6–10-1 六本木 | Minato-ku | 港区 | roppongihills.com/en | U-Bahn H 04, E 23 Roppongi |* *J10*

22 MORI ART MUSEUM (森美術館)

Der 53. Stock des *Mori Tower* ist das Zentrum außergewöhnlicher, mitunter provokanter Installationen, Videos und anderer moderner Kunstformen. Mit dem Ticket des Mori Art Museums kommt man auch auf das Aussichtsdeck, genannt *Tokyo City View*. Am besten besuchst du die Aussichtsplattform zur Abenddämmerung, wenn in Tokio nach und nach die Lichter angehen! *Mi–Mo 10–22, Di 10–17 Uhr | Eintritt 1800 Yen | 6–10-1 Roppongi | 6–10-1 六本木 | Minato-ku | 港区 | mori.art.museum/eng | U-Bahn H 04, E 23 Roppongi |* *J10*

INSIDER-TIPP
Lichter bis zu Horizont

23 THE NATIONAL ART CENTER, TOKYO (国立新美術館)

Hinter der schwungvollen Fassade von Kisho Kurokawa scheinen dem bekannten japanischen Architekten etwas die Ideen ausgegangen zu sein, denn innen wirkt eines der größten japanischen Kunstzentren recht steril. Den wechselnden Ausstellungen nimmt das freilich nichts von ihrem Reiz. Erholungsbedürftige können im Erdgeschoss in Sesseln oder in einem der drei Cafés entspannen. *Mi–Mo 10–18, Fr bis 20 Uhr | Eintritt frei, Ausstellungen haben wechselnde Preise | 7–22-2 Roppongi | 7–22-2 六本木 | Minato-ku | 港区 | nact.jp/de | U-Bahn C 05 Nogizaka |* *J9*

24 TOKYO MIDTOWN (東京ミッドタウン)

Höhenmäßig hat der 2007 eröffnete *Midtown Tower* mit seinen knapp 250 m den Wolkenkratzerkrieg mit

Poppig: Skulptur von Takeshi Murakami im Mori Art Museum

dem benachbarten *Mori Tower* in Roppongi Hills um wenige Meter für sich entschieden. Der hauptsächlich vom US-amerikanischen Architekturbüro Som entworfene Megakomplex besteht aus sechs Teilen. Die beherbergen auf 53 Stockwerken Geschäfte und Restaurants, Büros und Apartments sowie das Luxushotel Ritz-Carlton. Einen Besuch wert ist das von Kengo Kuma entworfene *Suntory Museum of Art (Mi–Mo 10–18, Fr/Sa bis 20 Uhr | Eintrittspreis je nach Ausstellung)*. Es zeigt japanische Kunst in wechselnden Schauen. Eindrucksvoll ist der von Architekt Tadao Ando und Modezar Issey Miyake konzipierte *21_21 Design Sight (Mi–Mo 10–19 Uhr, 30. Dez.–3. Jan. geschl. | Eintritt 1100 Yen)*, in dem Designschauen präsentiert werden. *9-7-1 Akasaka | 9-7-1 赤坂 | Minato-ku | 港区 | tokyo-midtown.com/en | U-Bahn C 5 Nogizaka | U-Bahn H 04, E 23 Roppongi | J–K9*

25 NOGI-SCHREIN (NOGI-JINJA) (乃木神社)

Als 1912 der Sarg des Meiji-Kaisers das Palastgebäude verließ, begingen die Bewohner dieses Hauses *seppuku*, den im Deutschen fälschlicherweise Harakiri genannten, rituellen Selbstmord. Es waren General Nogi, Held des Russisch-Japanischen Krieges, und seine Frau Shizuko. Seither fühlen sich die japanischen Besucher dieser Stätte – einem schlichten Bau von 1889 – magisch angezogen. Ins Haus hinein kann man nur am 12. und 13. September, aber man kann auch sonst durch die Fenster nach innen schauen. Der Nogi-Schrein gleich nebenan wurde zu Ehren des Paars gebaut und ist sehr populär. Er besticht durch seine klare Architektur. *Tgl. 6–17 Uhr | 8-11-27 Akasaka | 8-11-27 赤坂 | Minato-ku | 港区 | U-Bahn C 05 Nogizaka | J9*

SHINJUKU

Ein Viertel mit vielen Facetten: Shinjuku steht für unbegrenzten Einkaufsbummel durch Kaufhäuser, Dutyfreeläden, trendige Boutiquen oder die unterirdischen Passagen des labyrinthischen Bahnhofs Shinjuku.

Die Gegend um den mit rund 4 Mio. Passagieren pro Tag weltweit größten Bahnhof Shinjuku zeigt Tokio von zwei ganz verschiedenen Seiten. Westlich des Bahnhofs stehen zahlreiche Wolkenkratzer, und nachts treibt sich kaum eine Menschenseele herum. Ganz anders der Osten: Dort tobt nachts das Leben, z. B. im skurrilsten Rotlichtbezirk der Metropole, *Kabukichō*, und in den kleinen Gassen kann man sich schnell verlaufen. Selbst Naturfreunden hat der Stadtteil etwas zu bieten: die 58 000 m² große Grünanlage *Shinjuku Gyoen*.

26 RATHAUS (TOKYO METROPOLITAN BUILDING) (東京都庁舎)

Monumental – so lässt es sich wohl am treffendsten beschreiben, dieses 243 m hohe Bauwerk aus Granit und Stahlbeton. Mit ihm wollte sich Japans

Architektenlegende Kenzo Tange offenbar selbst und der japanischen Hauptstadt ein Denkmal setzen. Das höchste Rathaus der Welt zu bauen, hat rund eine Milliarde Euro gekostet. Zu den Aussichtsdecks auf 202 m Höhe im 45. Stock der beiden Türme fliegst du in Expressaufzügen und zwar für lau – hier gibt es den mit Abstand besten kostenlosen Ausblick auf Tokio und Umgebung! *Tgl. 9.30–23 Uhr, 29. Dez.–3. Jan. geschl. sowie an Inspektionstagen (dann jeweils nur ein Tower bis 23 Uhr geöffnet) | 2-8-1 Nishi-Shinjuku | 2-8-1 西新宿 | Shinjuku-ku | 新宿区 | U-Bahn E 28 Tochō-mae | S-Bahn Yamanote Shinjuku |* *D–E5*

27 BUNKA GAKUEN COSTUME MUSEUM (文化学園装飾博物館)

Dieses zum *Bunka Fashion College*, einer berühmten Schule für Modedesign, gehörende Museum beherbergt eine umfassende Sammlung historischer japanischer Kostüme von der Heian-Zeit bis zu Alltagskleidung der Neuzeit. Es ist immer nur ein Teil der Kunstwerke aus Stoff und der ungewöhnlichen Accessoires ausgestellt. *Mo–Sa 10–16.30 Uhr | Eintritt 500 Yen | 3-22-7 Yoyogi | 3-22-7 代々木 | Shibuya-ku | 渋谷区 | museum.bunka.ac.jp/english | U-Bahn E 27 Shinjuku | S-Bahn Yamanote Shinjuku |* *E6*

28 SHINJUKU GYOEN (新宿御苑)
Im japanischen Teil des Gartens fand 1989 die schintoistische Trauerzeremonie für den verstorbenen Kaiser Hirohito statt. Nach der Meiji-Restauration 1868 war der Garten, eine reizvolle Kombination englischer, französischer und japanischer Gartenarchitektur, aus dem Besitz des mächtigen Feudalherrn Naitō in kaiserliche Hände übergegangen. Seit dem Ende des Zweiten Weltkriegs ist der über 58 000 m² große Kaiserliche Park Shinjuku, der besonders zur Kirschblütenzeit viele Besucher anzieht, der Öffentlichkeit zugänglich. Blumenliebhabern empfiehlt sich auch die Chrysanthemenschau im Herbst. Sehr entspannend ist ein Spaziergang durch die grüne Oase aber zu jeder Jahreszeit. *Di–So 9–16, im Sommer bis 18 Uhr | Eintritt 500 Yen | 11 Naitōmachi | 11 内藤町 | Shinjuku-ku | 新宿区 | U-Bahn M 10 Shinjuku-gyoenmae |* *F–G6*

AUSSERDEM SEHENSWERT

29 GINZA (銀座)
Im Ginza-Viertel präsentiert sich Tokio als Metropole mit fernöstlichem Reiz. Hier kann man edel und exklusiv einkaufen, in alteingesessenen Geschäften und Traditionskaufhäusern ebenso wie in Shoppingpalästen mit bei Japanern beliebten europäischen Nobelmarken wie Bulgari, Chanel, Cartier oder Armani. Einen Abstecher wert sind auch die kleinen Seitenstraßen mit ihren Restaurants und Bars, Cafés und Boutiquen sowie Foto- und Gemäldegalerien. Nirgendwo in Japan werden höhere Immobilienpreise verlangt als in der Ginza.
Der ★ *Hamarikyū-Garten (Hamarikyū Onshi Teien) (N–O10) (tgl. 9–17 Uhr, 29. Dez.–1. Jan. geschl. | Eintritt 300 Yen | U-Bahn E 19 Shiodome)* diente den Tokugawa-Shōgunen als Sommersitz und ab der Meiji-Restoration der kaiserlichen Familie als Erholungsort. Den faszinierendsten Teil des Gartens bildet ein Teich, der den Gezeiten folgend durch Meerwasser gespeist wird. Hier führen drei von Glyzinien beschattete Brücken auf ein Inselchen, wo ein Teehaus zur Rast lädt. Bei einem Tee-Set für ca. 5 Euro kannst du herrlich entspannen und die sanft gewundenen Pfade, die vor langer Zeit angelegten Hügel und uralte japanische Kiefern bewundern. Oder du zückst den Fotoapparat und machst *den* Tokio-Schnappschuss: vom Teehaus mit dem Shiodome-Wolkenkratzerviertel im Hintergrund! *O–P 8–9*

30 ALTER FISCHMARKT (築地魚市場)
Bis 2018 war er einer *der* Attraktionen von Tokio – der Fischmarkt von Tsukiji, der als der größte der Welt gilt. Dann zog der Markt nach 83 Jahren endgültig in die neuen Markthallen auf die Neulandinsel Toyosu (s. S. 49) um. Ein paar alte Fischrestaurants laden jedoch in Tsukiji immer noch zu einem Imbiss ein. Außerdem kann man hier live aktive Stadtplanung nach Tokioter Art erleben – frei nach dem Motto

„bloß keine Stelle unbebaut lassen!" Wer am Fischmarkt jedoch besonders gute und preiswerte Fischgerichte erwartet, wird leider enttäuscht sein – das Preis-Leistungs-Verhältnis ist eher suboptimal.

Auch ohne den „Inner Market" genannten eigentlichen Fischmarkt ist Tsukiji ein Erlebnis! Die engen Gassen locken mit vielen Ständen, an denen neben Fisch und Fleisch auch Obst und Gemüse, Getrocknetes und Eingelegtes sowie Mitbringsel wie Stäbchen oder Bento-Boxen aus Bambus verkauft werden. Hier kannst du zahlreiche Spezialitäten wie frischen Seeigel probieren. Die perfekte Nachspeise findest du dazu bei *Tsukiji Sanokiya (4-11-9 Tsukiji | 4-9-11* 築地*)*, wo Mutter und Tochter Teigtaschen in Thunfischform backen, die mit süßen Azuki-Bohnen und Aprikosen gefüllt sind, oder leckeres Matcha-Eis in einer thunfischförmigen Eiswaffel servieren.
Tsukiji | 築地 | *Chūo-ku* | 中央区 | *U-Bahn H 10 Tsukiji* | *U-Bahn E 18 Tsukijishijo* | *O-P10*

31 TOYOSU (豊洲) ★

Seit 2018 ist die Neulandinsel Toyosu die neue Heimat des größten Fischmarktes der Welt. Geplant war der Umzug schon lange, denn Tsukiji war zu alt, zu eng und zu baufällig. Hier beginnt der Tag um 2 Uhr nachts. Lastwagen karren Zappelndes und Tiefgefrorenes aus allen Häfen des Landes herbei. In atemberaubender Geschwindigkeit, mit geheimnisvollen Handzeichen und in einer Sprache, die nur Eingeweihte verstehen, wird der Fang gegen 5 Uhr morgens an

Für Frühaufsteher: Am größten Fischmarkt der Welt beginnt der Tag um 2 Uhr nachts

verschiedenen Stellen gleichzeitig an die Großhändler versteigert. Von Krebsen über Makrelen bis zu gigantischen Thunfischen – in gut einer Stunde wechseln mehrere Tausend Tonnen unzähliger Sorten Meeresgetier den Besitzer. Gegen 7 Uhr erscheinen die Einzelhändler, um ihre Auswahl für den Tag zu treffen. Zu 90 % deckt das fangfrische Angebot im Fischmarkt den täglichen Fischbedarf der Hauptstadtbewohner.

Der Höhepunkt des Fischmarktbesuches ist die Thunfisch-Auktion *(5.45–6.15 Uhr)*. In Schichten dürfen insgesamt 120 Besucher jeweils zehn Minuten lang der kurzen und lautstarken Auktion beiwohnen. Da die Auktion sehr beliebt ist, werden die Plätze verlost – dazu muss man sich einen Monat im Voraus anmelden. Die Details dafür findest du hier: *shijou.metro.tokyo.jp/english/pdf/toyosu/process.pdf. So und Fei geschl.* | *Q–R12*

32 ODAIBA (お台場)

Die künstliche Insel Odaiba mit all ihren futuristischen Gebäuden, Museen, Vergnügungs- und Einkaufszentren könnte auch ein riesiger Themenpark sein. Im Westen verbindet die *Rainbow Bridge* die Neulandinsel mit dem Rest der Stadt. Aus Platzgründen verläuft die Auffahrt in einem Looping. Von gut 50 m Höhe hast du tags und nachts einen grandiosen Ausblick auf die Stadt und Teile des Hafens – entweder aus dem Fenster eines Autos, eines Zuges oder bei einem Spaziergang, denn die Brücke ist begehbar.

Odaiba strotzt nur so vor schicken Restaurants, Spielhallen, Kinos und Kaufhäusern und gilt deshalb als der Dating Spot in Tokio: Die einen cruisen hier im Auto, die anderen flanieren Händchen haltend mit Blick aufs Wasser am Kunststrand oder speisen einfach nur vornehm.

INSIDER-TIPP
Terminator ist ein Winzling dagegen

Die 20 m hohe „Gundam"-Kampfroboter-Statue vor der *Diver-City-Shoppingmall* auf Odaiba gibt ein prima Fotomotiv ab und lockte in den ersten Monaten 4 Mio. japanische Besucher an, denn jedes Kind in Japan kennt den Kampfroboter. Keine Bange: Gundam gehört zu den Guten! ☂ *teamLab Borderless*, das erste Digital Art Museum der Welt, wartet mit einzigartigen, oft interaktiven Licht- und Effektspektakeln auf. Die verspielten und fantasievollen fünf Hauptbereiche sind immerhin zusammen einen Hektar groß. Ein Fest für die Sinne und etwas in dem auch Kinder auf ihre Kosten kommen. Der Athletics-Forest-Bereich im Digital Art Museum erlaubt Kindern aller Altersgruppen, mit Licht und digitaler Kunst zu interagieren. Vorsicht: Sätze wie „Wir müssen jetzt wirklich gehen!" kommen hier nicht gut an. *Mo–Fr 10–19, Sa/So bis 21 Uhr | Eintritt 3200, Kinder 1000 Yen | Palette Town 2F, 1-3-8 Aomi | 1-3-8* 青海 | *Koto-ku* | 江東区 | *borderless.teamlab.art (am besten im Voraus online Karten bestellen) | Yurikamome-Linie (ab Shimbashi) |* *e3*

33 TOKYO SEA LIFE PARK (葛西臨海水族館) ☂

Das *Aquarium (Do–Di 9.30–17 Uhr, 29. Dez.–1. Jan. geschl. | Eintritt 700, 13–15 J. 250 Yen, darunter frei | tokyo-zoo.net/german/kasai/index.html)* unter der riesigen Glaskuppel des Tokyo Sea Life Park im *Kasai-Rinkai-Park* ist eins der schönsten weltweit. Highlight: die Pinguine! Danach lohnt ein Spaziergang im *Vogelpark (tgl. 9.15–16.30 Uhr | Eintritt frei)* nebenan mit einem Süß- und einem Salzwassersee. Spaß machen auch ein Picknick in Tokios größtem Park oder eine Fahrt mit dem über 100 m hohen *Riesenrad (Mo–Fr 10–20, Sa/So 10–21 Uhr | Eintritt ab 3 Jahre 700 Yen)*. Im Sea Life Park kleckert man nicht, man klotzt: So kann man hier einen 80 Fische starken Thunfischschwarm in einem Riesenaquarium bestaunen. Ein erhabener Anblick. *Kasai Rinkai Kōen | 6-2-3 Rinkaichō | 6-2-3* 臨海町 | *Edogawa-ku* | 江戸川区 | *S-Bahn (Keiyō-Linie ab Tokio Hbf.) Kasai-rinkai-kōen oder Wasserbus ab Takeshiba-Pier |* *e3*

INSIDER-TIPP
Thunfisch im Glas

34 MUSEUM OF CONTEMPORARY ART TOKYO (東京都現代美術館)

Das städtische Museum ist als Zentrum der Gegenwartskunst konzipiert. Gut 5000 Arbeiten werden alternierend gezeigt, dazu kommen Wanderausstellungen sowie eine umfangreiche Kunstbibliothek. Allein der Architektur wegen lohnt sich ein Abstecher. Hinzu kommt der *Kiba-Park* direkt am Museum – eine der größten Grünflächen in der Innenstadt. *Di–So 10–18 Uhr | Eintritt 500 Yen | 4-1-1 Miyoshi | 4-1-1* 三好 | *Kōtō-ku* | 江東区 | *mot-art-museum.jp | U-Bahn S 12 Kikukawa | U-Bahn T 13 Kiba |* *e2–3*

35 EDO-TOKYO MUSEUM (江戸東京博物館) ☂

In diesem futuristischen Gebäude wird die Stadtgeschichte von Tokio präsentiert. Gespart haben die Stadtväter nicht: Gleich am Eingang marschieren die Besucher über eine getreue Nachbildung der berühmten Brücke Nijūbashi. *Di–Fr und So 9.30–17.30, Sa 9.30–19.30 Uhr | Eintritt 600 Yen | 1-4-1 Yokoami | 1-4-1 横網 | Sumida-ku | 墨田区 | edo-tokyo-museum.or.jp/en | U-Bahn E 12 Ryōgoku | S-Bahn Sobu Ryōgoku |* *S4*

36 TOKYO SKYTREE (東京スカイツリー) ★

Genau 634 m ragt der „Himmelsbaum", der größte freistehende Funkturm der Welt, in die Höhe und lässt damit die übrigen Hochhausriesen der Hauptstadt wie kleine Geschwister wirken. Bereits Monate vor der Eröffnung waren die Tickets auf Wochen ausverkauft. Kein Wunder, denn der Blick auf die gesamte Kanto-Region aus 350 bzw. 450 m Höhe ist unschlagbar. Wer sich nicht die Beine in den Bauch stehen möchte, meldet sich am *Fast-Skytree-Ticket-Schalter*: Geht viel schneller (und kostet 3200 bzw. 4200 Yen). Im Sockel des Turms sowie in den angrenzenden Gebäuden gibt es hunderte Shops, Lokale, das Sumida-Aquarium mit Quallenschule und vieles mehr. Schon die Aufzüge, teilweise mit Glasdach, sind ein Hingucker. *Tgl. 8–22 Uhr | Eintritt 2100 für die untere, 3100 Yen für beide Aussichtsplattformen (an Wochenenden 2300 bzw. 3400 Yen) | 1-1-13 Oshiage | 1-1-13 押上 | Sumida-ku | 墨田区 | tokyo-skytree.jp/en | U-Bahn A 20, Z 14 Oshiage |* *e2*

INSIDER-TIPP
Meide die Schlange!

37 YANAKA & NEZU (谷中 & 根津) ★

Ein Hauch des alten, ursprünglichen Tokio lebt fort in den engen Gassen und alten Holzhäusern in *Yanaka*. Um 1900 wohnten hier, nahe der Kunsthochschule, Maler und Bildhauer, darunter Taikan Yokoyama und Kanzan Shimomura, die Väter der modernen japanischen Malerei. Schon der spanische Maler Joan Miró hat in den Läden für Kunstzubehör im Viertel seine Pinsel erstanden. Sehenswert ist auch das frühere Atelier und Wohnhaus des Bildhauers Fumio Asakura (1883–1964). Das *Asakura Museum of Sculpture* (*e2*) *(Di, Mi, Fr–So 9.30–16.30 Uhr | Eintritt 500 Yen | 7-18-10 Yanaka | U-Bahn C 15 Sendagi | S-Bahn Yamanote Nippori)* vereint Architektur aus der Zeit vor dem Zweiten Weltkrieg mit einem traditionellen Privathaus. Den Innenhof schmückt ein Zen-Wassergarten, von der Dachterrasse hast du einen schönen Rundumblick. Der *Yanaka-Friedhof*, einer der ältesten der Stadt, ist beliebt zur Kirschblütenschau.

Nirgendwo sonst in Tokio gibt es so viele Tempel, vor allem entlang der Straße Sansaki-zaka zur Station Sendagi. Der prunkvolle *Nezu-Schrein (Nezu-jinja)* (*N1*) *(tgl. 6–17 Uhr | 1-28-9 Nezu | Bunkyō-ku | U-Bahn C 14 Nezu)* im Viertel *Nezu* gilt als „wichtiges Kulturgut". 1706 erbaut, wurde er im Zweiten Weltkrieg schwer beschädigt, danach rekonstruiert. Im April und Mai erfreut die Blütenpracht von mehr als 3000 Azaleen das Auge. *N-O1*

Neben den Blüten im Frühjahr ist der herbstliche Rikugien-Garten besonders schön

38 RIKUGIEN (六義園)

Die Mächtigen der Edo-Zeit suchten in diesem Garten Erholung und Entspannung. Sein Erbauer, Yoshiyasu Yanagisawa, ein einflussreicher Feudalherr und Vertrauter des Shōguns Tsunayoshi Tokugawa, hat hier 88 Landschaften aus der japanischen und chinesischen Literatur nachempfunden. Auf einem Spaziergang durch die fast 9 Hektar große Anlage kann man die Fantasie schweifen lassen. Dann wird aus dem Teich ein Meer, aus dem Hügelchen ein Berg und aus dem Bächlein ein Fluss. Zu Beginn der Meiji-Zeit erwarb die Gründerfamilie des Mitsubishi-Konzerns angrenzendes Land samt Garten, schenkte ihn aber 1938 der Stadt. Besonderheiten sind die vielen Vögel, vor allem im Winter (Wildenten und Reiher), sowie die Pflaumenblüte Ende Februar und die Blätterfärbung im Herbst. *Tgl. 9–17 Uhr, 29. Dez.–1. Jan. geschl. | Eintritt 300 Yen | 6-16-3 Honkomagome | 6-16-3 本駒込 | Bunkyō-ku | 文京区 | U-Bahn N 14 Komagome | ◫ e2*

39 YASUKUNI-SCHREIN (YASUKUNI-JINJA) (靖国神社)

Als der Meiji-Kaiser 1879 dem „Schrein des friedlichen Landes" seinen Namen gab, ahnte er sicherlich nicht, welch unrühmliche Rolle Japan rund sechs Jahrzehnte später einmal spielen würde. Friede und soziale Sicherheit – so seine Vorstellung – verdanke das Kaiserreich all jenen, die in den Diensten des Kaisers ihr Leben lassen. Ihre Seelen sollten im Yasukuni-jinja verehrt werden. Nur wenige Jahre vorher war der Schintoismus zur Staatsreligion erklärt worden. Der Staatskult, der den Tennō als direkten Nachkommen der Sonnengöttin Amaterasu zum Gott erhob, wurde nach

Ausdruck japanischer Imitierfreude: Tokyo Tower, Nachbau des Eiffelturms

dem Ersten Weltkrieg von Politikern und Militärs für ihre Zwecke verwendet: Die Japaner seien von den Göttern auserwählt, die Welt zu beherrschen.

Alljährlich am 15. August, dem Kapitulationstag, bietet sich ein skurriles Schauspiel: Japanische Ultranationalisten, viele in alter Uniform, pilgern zum Schrein, um für die Kriegstoten zu beten. Auch Regierungsmitglieder sind darunter, obwohl die japanische Nachkriegsverfassung eine Trennung von Staat und Religion vorsieht. Seit 1978 stehen auch die Namen der von den Alliierten als Hauptkriegsverbrecher Hingerichteten im Totenverzeichnis des Schreins, darunter Kriegspremier General Tōjō. Nicht nur bei den asiatischen Nachbarländern, die unter der japanischen Besetzung gelitten haben, stoßen daher die Schreinbesuche der Politiker auf starken Unwillen. Vielmehr gilt dieses Verhalten auch weltweit als Indiz dafür, dass sich Japan bis heute noch nicht wirklich mit den im Zweiten Weltkrieg begangenen Grausamkeiten auseinandergesetzt hat.

Die Schreinanlage selbst bestätigt diesen Eindruck: Das martialische Stahl-*torii* mit den Steinhunden als Wächter am Aufgang wirkt eher bedrohlich als friedlich. Zwar waltet am Schreingebäude selbst eine gewisse Zurückhaltung; zahlreiche Kirschbäume, die im April ihre Blütenpracht entfalten, die Noh-Bühne und die weißen Tauben – genau 850 sollen es sein – beruhigen Auge und Geist. Nur einige Schritte weiter jedoch drohen Panzer und Flugzeugabwehrkanonen, Nachbildungen von Kriegsgerät, das Nippons Armee im Zweiten Weltkrieg so verheerend einsetzte. Auch im angeschlossenen *Militärmuseum (Yūshūkan | tgl. 9–16.30 Uhr | Eintritt 1000 Yen)* erfährt man nichts über die von Japan begangenen Kriegsgräuel wie das Massaker von Nanking, als 1937 japanische Truppen hunderttausende chinesische Zivilisten und Kriegsgefangene ermordeten, oder über den Todesmarsch von Bataan auf den Philippinen (1942). *Tgl. 6–18 Uhr | 3-1-1 Kudankita | 3-1-1* **九段下北** | *Chiyoda-ku* | **千代田区** | *U-Bahn S 05, Z 06, T 07 Kudanshita* | *L5*

40 YUSHIMA-SCHREIN (YUSHIMA-TENJIN) (湯島天神)

Keinen Schrein kennen Tokios verzweifelte Eltern besser als diesen: In der Edo-Zeit eilte man hierher, um Suchmeldungen nach verloren gegangenen Sprösslingen aufzugeben. Heute betet man nach Kräften, der Nachwuchs möge doch die Aufnahmeprüfung an einer der karriereverheißenden Erziehungsinstitutionen bestehen, sei es ein prestigeträchtiger Kindergarten oder die Eliteuniversität Tōdai. Die Gestelle, an denen die *Ema* genannten Votivtafeln hängen, drohen unter der Last der Wünsche zusammenzubrechen, denn im Yushima-tenjin wird der Gott des Lernens verehrt. *Tgl. 6–20 Uhr | 3-30-1 Yushima | 3-30-1* **湯島** | *Bunkyō-ku* | **文京区** | *U-Bahn M 20 Ochanomizu* | *O3*

41 KANDA-MYÔJIN-SCHREIN (神田明神)

Die Schreingebäude, Repliken von 1934, sind ein hervorragendes Beispiel für den Gongen-Architekturstil der frühen Edo-Zeit. Die Farben Rot und Gold und die zahlreichen buddhistischen Motive erinnern an einen chinesischen Tempel. In ungeraden Jahren an einem Wochenende Mitte Mai ist der Schrein Schauplatz des *Kanda-Matsuri*, des zweitgrößten Schreinfestes in Tokio, mit Trageschrein-Prozessionen und klassischen Tanzvorführungen. Aufgrund der Nähe zum Technikmekka Akihabara verkauft der Kanda-Myôjin-Schrein Talismane für Elektrogeräte, IT-Sicherheit und mehr. *2-16-2 Soto-Kanda* | *2-16-2* **外神田** | *Chiyoda-ku* | **千代田区** | *U-Bahn M 20 Ochanomizu* | *O3*

INSIDER-TIPP
Und gesegnet seien die Kühlschränke

42 TOKYO TOWER (東京タワー)

Der 1958 fertiggestellte Nachbau des Eiffelturms ist wohl das offensichtlichste Beispiel für die Imitierfreude der Japaner. Das Stahlgerüst ist mit 333 m ganze 9 m höher als sein Pariser Vorbild. Im Erdgeschoss gibt es ein Aquarium und im 1. Stock einen großen Souvenirshop sowie eine Reihe Restaurants. Die meisten Besucher drängen indes zu den Liften, die zur Aussichtsplattform in 150 m Höhe führen. Dort kannst du umsteigen und dich in das voll verglaste Stockwerk in 250 m Höhe bringen lassen (letzteres nur im Rahmen einer Führung). Besonders beeindruckend ist das Lichtermeer nach Sonnenuntergang. *Tgl. 9–23 Uhr | Eintritt 900 für die untere, 2800 Yen für beide Aussichtsplattformen | 4-2-8 Shibakōen | 4-2-8* **芝公園** | *Minato-ku* | **港区** | *tokyotower.co.jp/en.html | U-Bahn E 21 Akabanebashi | U-Bahn I 06 Onarimon* | *L10*

43 ZŌJŌJI (増上寺)

Der einstige Familientempel der Tokugawa-Shōgune spiegelt nichts von deren verflossener Macht wider. Nirgendwo sonst lässt sich jedoch der Einfluss der politischen und sozialen Veränderungen seit der Meiji-Zeit auf das Stadtbild so gut nachvollziehen. Mit 48 angegliederten Tempel- und rund 150 Schulgebäuden war der Zōjōji zwischen 1598 und 1868 das administrative und geistige Zentrum der buddhistischen Schulrichtung des *Jōdō*, des „reinen Landes", die den Erlöserbuddha Amitabha (japanisch: Amida) verehrt. Rund 3000 Novizen aus den 6000 Jōdō-Tempeln in ganz Japan bereiteten sich hier auf ihre Priesterweihe vor. Der Sturz der Tokugawa zog die Enteignung des Tempels nach sich.

Sehenswert sind nach wie vor das „Tor der dreifachen Erlösung", Sanmon, und die 15 t schwere Bronzeglocke, die größte in Ostjapan. In der Silvesternacht strahlt der Zōjōji für kurze Zeit wieder seine alte Anziehungskraft aus: Tausende von Tokiotern wollen zum Jahreswechsel dabei sein, wenn die große Bronzeglocke beim *Joya no kane* genau 108-mal geschlagen wird. Sie sind überall, aber hier besonders häufig; die kleinen „jizo" genannte Steinstatuetten mit rotem Latz stehen oft für tote Kinder – auch für abgetriebene.

INSIDER-TIPP
Lustige Gestalten mit trauriger Geschichte

Andrang herrscht auch am *Setsubun*, einem Fest, mit dem am 3. oder 4. Februar das Ende des Winters gefeiert wird: Zum Ruf *„Oni wa soto – fuku wa uchi!"* („Geister raus, Glück ins Haus!") wirft man Bohnen in die Luft, um alles Böse zu vertreiben. *Tgl. 9–17 Uhr | 4-7-35 Shibakōen | 4-7-35* 芝公園 | *Minato-ku* | 港区 | *U-Bahn I 06 Onarimon* | *M10*

44 SENGAKUJI (泉岳寺)

Kaum eine Geschichte ist in Japan so bekannt wie die der 47 Ronin. Sie ist ein immer wiederkehrendes Thema von Puppenspielen, Kabukitheaterstücken, Fernsehspielen und Filmen. Im Jahr 1701 zieht Fürst Asano, provoziert von Zeremonienmeister Kira, in der Burg von Edo sein Schwert. Ein Vergehen, das er mit dem Leben bezahlen muss. Seine Gefolgsleute werden zu herrenlosen Samurai, zu Ronin. 47 dieser Getreuen beschließen, ihren Herrn zu rächen. Fast zwei Jahre später stürmen sie Kiras Wohnsitz, töten ihn und tragen sein abgeschlagenes Haupt im Triumph zu Asanos Grabstätte. Seine Ehre ist wiederhergestellt. Die 47 Ronin werden indes wie ihr Meister zum Tode durch rituellen Selbstmord verurteilt.

Im buddhistischen Sengakuji sind Herr und Gefolge Seite an Seite bestattet. Auf dem Tempelgelände steht noch der Brunnen, an dem die Ronin Kiras Haupt wuschen, bevor sie es ihrem Herrn präsentierten. Architektonisch reizvoll ist vor allem das zweistöckige Haupteingangstor von 1836. *April–Sept. tgl. 7–18, Okt.–März bis 17 Uhr | Eintritt frei, Museum 500 Yen | 2-11-1 Takanawa | 2-11-1* 高輪 | *Minato-ku* | 港区 | *U-Bahn A 07 Sengakuji* | *e2*

Passt das zu mir? Das liebenswert-chaotische Viertel Shimokitazawa liegt voll im Trend

45 DAIKANYAMA (代官山)

Das „Notting Hill" oder „Brooklyn" von Tokio genannte Viertel erstreckt sich südlich der Station Shibuya. Die wenig befahrenen Straßen laden zum entspannten Flanieren zwischen hübschen Boutiquen mit Waren angesagter Designer, schicken Cafés und Restaurants mit ausländischer Küche sowie Kunstgalerien ein. Wer sich hier eine Wohnung leisten kann, verdient gutes Geld. *F12*

46 JAPAN FOLK CRAFTS MUSEUM (日本民藝館)

Mingei – Kunst des Volkes – ist ein Begriff, den der Museumsgründer Yanagi Sōetsu geprägt hat. Im Zweiten Weltkrieg entging das 1936 eröffnete Haus nur knapp dem Flammenmeer der Brandbomben. Von den mehr als zehntausend Stücken der Kollektion – Lackkästchen und Papiermaché-Puppen, Minischreine und Kommoden, Keramiken und vieles mehr – werden jeweils rund tausend Exponate ausgestellt. Schön sind auch die Museumsbauten: Die Replik eines Bauernhauses aus der Präfektur Tochigi beherbergt die ständige Sammlung, das wuchtige Eingangstor zu einem solchen Gehöft die Verwaltung. *Di–So 10–17 Uhr | Eintritt 1100 Yen | 4-3-33 Komaba | 4-3-33* 駒場 *| Meguro-ku |* 目黒区 *| mingeikan.or.jp/english | Inokashira-Bahn (ab Shibuya, nicht den Expresszug nehmen!) Komaba-Todai-mae | C10*

47 SHIMOKITAZAWA (下北沢)

Wer junge Tokioter fragt, wo sie leben möchten, hört oft „Shimokita". Das ist der Spitzname des studentischen, charmant-chaotischen Viertels in Westtokio, bekannt für Secondhandläden, unabhängige Theaterbühnen, Bars mit Livemusik (Jazz, Rock, Blues) und kleine Konzerthallen. Hier, im Labyrinth der engen Gassen um einen Bahnknotenpunkt wenige Minuten

Sieht selbst wie aus einem Anime aus: das Ghibli Museum

westlich von Shibuya (Keio-Inokashira-Linie) und Shinjuku (Odakyu-Linie), werden Trends geboren. Menschen mit kreativer Ader, Wunsch nach einem alternativen Lebensstil und Faible für Altes und Altmodisches finden Gleichgesinnte, Jungunternehmer probieren sich mit Geschäftsideen von kurios bis kreativ aus. Jedes Jahr im Februar finden ein Theaterfestival, im Juli ein Musikfestival und im September ein Schreinfestival statt. Anders als den übrigen Stadtteilen kannst du beim Bummel durch die autofreien Straßen viele Originale, dafür aber kaum Ableger großer Ketten entdecken. Kein Wunder, dass das Modemagazin „Vogue" Shimokita zu einem der coolsten Street-Style-Viertel der Welt gekürt hat. Anleger fragen sich allerdings besorgt „Wie lange noch?", denn die Gentrifizierung macht auch vor Shimokita nicht halt. *N-O1*

48 HEIWA NO MORI KOEN (平和の森公園)

Im „Wald des Friedens" messen sich Kinder (und Erwachsene) auf Geschicklichkeitsparcours in mehreren Schwierigkeitsgraden. Hier kannst du ungeniert schmutzig und nass werden – dafür aber richtig viel Spaß zum Schnäppchenpreis haben. Am besten ein paar Snacks mitbringen, denn im Park gibt es nur Getränke zu kaufen. *Di–So 9.30–16.30 Uhr | Eintritt 360, Kinder 100 Yen | 2-1 Heiwa no Mori Koen | 2-1* 平和の森公園 *| Ota-ku |* 大田区 *| S-Bahn Keikyu Heiwajima | e3*

49 GHIBLI MUSEUM (ジブリ美術館)

Oscar-Preisträger Hayao Miyazaki ist der Urvater japanischer Zeichentrickfilme (Anime). In seinem Museum im *Inokashira-Park* bilden wilde Gestalten und fantastische Landschaften die Kulisse. Natürlich lernt man auch, wie ein Animationsfilm entsteht. *Meist Mi–Mo 10–18 Uhr (s. Website) | Eintritt je nach Alter 100–1000 Yen (Tickets müssen für einen festen Termin vorbestellt werden, erhältlich als Gutschein zum Umtausch per Postversand in Europa oder in Japan in Lawson-Convenience-Stores) | 1-1-83 Shimorenjaku | 1-1-83* 下連雀 | *Mitaka-shi* | 三鷹市 | *ghibli-museum.jp/en | S-Bahn Chuo Line Mitaka* | 🕮 d2

50 INOKASHIRA-PARK (井の頭公)

Wer einige entspannte Stunden verbringen will, kann das in Kichijō-ji versuchen. In diesem westlichen Stadtteil herrscht ein paar Meter abseits vom Bahnhof ein langsamerer Takt als im Zentrum Tokios. Schon der kurze Weg vom Südausgang des Bahnhofs zum Inokashira-Park lädt zum Schlendern ein, vorbei an kleinen Shops mit Vintagekleidung, Krimskrams und gemütlichen Cafés. Der dichte Baumbestand macht den Park zur grünen Oase, während der Kirschbaumblüte ist die Anlage ein Traum in Weiß und Rosa. In der Mitte des Parks glitzert ein großer See. Nimm dir Zeit für eine Ruderpartie – aber Vorsicht: Im Tempel am Seeufer wird der eifersüchtigen Göttin Benzaiten gedacht, die angeblich Liebespaare mit einem Fluch belegt! Alternativ kannst du den kleinen *Zoo (Di–So 9.30–17 Uhr | Eintritt 400 Yen)* im Nordteil des Parks besuchen. Oder folge den Schildern bis zum *Ghibli Museum* (s. S. 58). *Eintritt frei | 1 Kichijoji-Minami | 1* 吉祥寺南 | *Musashino City* | 武蔵野市 | *S-Bahn Chuo Kichijoji* | 🕮 d2

51 TAMA-ZOO (多摩動物園)

In diesem Tierpark kannst du leicht einen ganzen Tag verbringen. Auf gut 50 Hektar leben Tiere aus aller Welt zumeist in ausgedehnten Freigehegen, der Zoo ist nach Kontinenten aufgeteilt. In der Asienzone kannst du einem munteren Rudel japanischer Makaken beim Tollen zusehen – und das stundenlang, denn bei den Rotgesichtern ist immer was los. *Do–Di 9.30–17 Uhr, 29. Dez.–1. Jan. geschl. | Eintritt 600, 13–15 J. 200 Yen, darunter frei | 7-1-1 Hodokubo | 7-1-1* 程久保 | *Hino-shi* | 日野市 | *tokyo-zoo.net/english/tama | Keiō-Bahn (1 Std. Fahrt von Shinjuku) Tamadōbutsukōenmae* | 🕮 c3

INSIDER-TIPP
Familiendrama Nonstop

AUSFLÜGE

52 KAWAGOE (川越)

35 km (von Shinjuku), 45 Min. mit der Bahn

Nicht umsonst wird Kawagoe auch Klein-Edo genannt. Einst war die knapp 40 km nordwestlich von Tokio gelegene Stadt ein florierender Handelsposten. Einige Dutzend der alten Handelshäuser stehen noch in alter Pracht entlang der *Ichiban-gai* und der Nebenstraßen. Kinder werden die schmale Ladenzeile *Kashiyayokocho* lieben, in der traditionelle Süßigkeiten verkauft werden.

Willkommen im ländlichen Japan: Dorfleben im Japan Open-Air-Folkhouse Museum

INSIDER-TIPP
Im Kimono durch Klein-Edo

Im *Kimono Rental Shop Yuzuya* unweit des Uhrenturms kann man sich Kimonos für ein paar Stunden ausleihen und damit durch die Stadt schlendern – auch bei jungen Japanerinnen sehr beliebt!

Viermal täglich ertönt die Glocke aus dem dreistöckigen Holzturm *Tokino Kane* (17. Jh.). Unbedingt besuchen solltest du die weiträumige Tempelanlage *Kita-in*. Ein Teil der alten *Burg von Edo* (auf dessen Gelände heute der Kaiserpalast steht) wurde im 17. Jh. auf Geheiß des Shōgun Iemitsu von der Hauptstadt nach Kawagoe versetzt. Die heute noch erhaltenen Teile des Schlosses strahlen Ruhe und Würde aus. Ebenfalls auf dem Tempelgelände sitzen, liegen und stehen 538 steinerne Jünger Buddhas. Keine der *Gohyaku-Rakan-Statuen* gleicht der anderen; es gibt dicke und dünne, aufrechte und bucklige Figuren, die frech-verschmitzt bis todernst-traurig schauen. Einer Legende nach kann man im Dunkeln eine Statue erfühlen, die besonders warm erscheint. Kommt man bei Tageslicht wieder, wird man feststellen, dass einem diese Figur am ähnlichsten sieht. Solltest du am 28. eines Monats dort sein, verpasse nicht den beliebten *Kawagoe Antique Market* beim wenige Gehminuten nach Norden liegenden Tempel *Naritasan-Betsuin*. Infos und Karten (auch auf Deutsch) zu Kawagoe gibt es am *Touristenbüro (tgl. 9–16.30 Uhr)* im Bahnhof oder auf *koedo.or.jp/foreign/german. Expresszug der Tobu-Tojo-Linie (30 Min.)* | *d1*

53 JAPAN OPEN-AIR-FOLK-HOUSE MUSEUM (日本民家園)

15 km (von Shinjuku), 20 Min. Bahn, dann 15 Min. zu Fuß

20 Minuten mit der Bahn und ein Fußweg von einer Viertelstunde, und

schon bist du im ländlichen Japan vergangener Zeiten. Auf dem hügeligen Parkgelände in Kawasaki ist bequemes Schuhwerk unerlässlich! Hier verteilen sich reizvoll arrangiert 25 traditionelle Gebäude, die aus verschiedenen Landesteilen mitsamt historischem Mobiliar versetzt wurden. Auch ein dörfliches Kabukitheater mit einer handbetriebenen Drehbühne ist zu sehen sowie ein Vorratshaus auf Stelzen. Regelmäßig wird Handwerk wie Flechten oder Weben vorgeführt. Mitmachen erwünscht! Der umgebende Park ist ideal, wenn du mit Kindern unterwegs bist. In einem der alten Häuser kannst du Soba-Nudeln in authentischer Atmosphäre genießen. Übrigens konkurrieren die Kellnerinnen mit dem Alter der Häuser und sind recht lustig. Schlicht, aber ein Genuss! *Nov.–Feb. Di–So 9.30–16.30, März–Okt. 9.30–17 Uhr, Tag nach Feiertagen geschl. sowie 29. Dez.–3. Jan. | Eintritt 500 Yen, kostenlose Touren auf Englisch nach Voranmeldung | 7-1-1 Masugata | 7-1-1 枡形 | Tama-ku | 多摩区 | Kawasaki City | 川崎市 | english.nihonminkaen.jp | Odakyū-Linie ab Shinjuku bis Mukougaoka-yūen |* d3

INSIDER-TIPP
Essen wie im feudalen Japan

54 TOKYO DISNEY RESORT (東京ディズニーリゾート)

13 km (von Tokyo Station), rund 15 Min. mit der Bahn

Die beiden Themenparks *Disneyland* und *Disneysea* sind an einem Tag nicht zu schaffen. Dort stehen dir halsbrecherische Bahnfahrten durch den *Big Thunder Mountain* und die spektakuläre Bootstour durch *Splash Mountain* bevor, oder eine entspanntere Fahrt durch *Fantasyland*. Beim Nachbarn *Disneysea* ziehen die *Indiana-Jones*-Fahrt und der freie Fall im *Tower of Terror* besonders viele Besucher an. Auch interessant: Die japanischen Besucher, bei denen Mickey & Co. ganz weit oben auf der Beliebtheitsskala stehen. Je nach Saison locken Sonderveranstaltungen. Achtung: An Wochenenden und Feiertagen ist es brechend voll. Ein ganzer Tag Disney ist dir zuviel? Das *After-6-Ticket* kostet nur 4200 Yen und reicht aus, um so einiges zu erleben – unter anderem die aufwändige, allabendliche Parade. *Tgl. 8–22 Uhr | Tagespass 7400, 12- bis 17-Jährige 6400, 4- bis 11-Jährige 4800 Yen | 1-1 Maihama | 1-1 舞浜 | Urayasu-shi | 浦安市 | Chiba-ken | 千葉県 | tokyodisneyresort.jp/en | S-Bahn (Keiyō oder Musashino ab Tokio Hbf.) Maihama |* f3

INSIDER-TIPP
Mickey light – im doppelten Sinn

55 KAMAKURA (鎌倉) ★

50 km (von Tokyo Station), ca. 1 Std. mit der Bahn

Eine knappe Stunde dauert die Bahnfahrt von Tokio *(Shonan-Shinjuku- oder Yokosuka-Linie)* in die historische Hauptstadt Japans. Von 1192 bis 1333 war Kamakura (heute 170 000 Ew.) politisches und militärisches Zentrum des Landes. Einige Dutzend Schreine und Tempel – etliche zählen zu den schönsten des Landes –

zeugen noch heute von dieser glanzvollen Epoche. Zudem bietet Kamakura einen kilometerlangen Sandstrand. Steig am besten bereits in Kita-Kamakura (eine Station vor Kamakura) aus. Links vom Bahnhof steht der Zentempel *Engakuji (März–Nov. tgl. 8–16.30, Dez.–Feb. tgl. 8–16 Uhr | Eintritt 300 Yen)* mit der Reliquienhalle Shariden, dem ältesten Zengebäude Japans. Zum ältesten Zenkloster Japans, dem 1253 erbauten *Kenchoji (tgl. 8.30–16.30 Uhr | Eintritt 500 Yen)*, läufst du eine Viertelstunde zu Fuß.

Nur wenige Minuten dauert danach die Zugfahrt nach Kamakura. Um die vielen historischen Anlagen zu sehen, nimmst du am besten Lokalbusse oder leihst dir ein Fahrrad. Direkt am Ostausgang des Bahnhofs steht eine graue Hütte mit der Aufschrift „Rent-a-cycle" und ein paar Minuten zu Fuß Richtung Osten steht der *Breeze-Fahrradverleih (ganzer Tag 1200 Yen)*. Westlich der Bahnlinie liegen die am meisten besuchten Sehenswürdigkeiten Kamakuras: Der *Daibutsu (Großer Buddha) (April–Sept. tgl. 8–17.30, Okt.–März tgl. 8–17 Uhr | Eintritt 300 Yen)*, ein mächtiges Bronzemonument aus dem Jahr 1252, schaut aus fast 12 m Höhe auf die Besuchermassen. Das Haus, in dem er einst stand, wurde von einem Tsunami weggespült. Ebenso populär sind der *Hase-Kannon-Tempel (Hasedera) (März–Sept. tgl. 8–17, Okt.–Feb. tgl. 8–16.30 Uhr | Eintritt 400 Yen)* mit der vergoldeten Holzstatue der Barmherzigkeitsgöttin Kannon und das wichtigste Heiligtum der Stadt, der Shintō-Schrein *Tsurugaoka Hachimangu (April–Sept. tgl. 5–21, Okt.–März tgl. 6–21 Uhr | Eintritt Schrein-Museum 300 Yen)* nahe dem Bahnhof.

Weit weniger Andrang herrscht bei den heiligen Stätten östlich der Bahnlinie. Im *Zuisenji-Tempel (tgl.*

Ein Buddha, wie er im Buche steht: Daibutsu in Kamakura

9–17 Uhr | Eintritt 200 Yen) kann man sich bei einem Spaziergang durch den wunderschönen Garten erholen. Der *Jomyoji-Tempel (tgl. 9–16 Uhr | Eintritt 100 Yen)* lockt auch mit kulinarischen Genüssen: Auf einer Anhöhe serviert ein Restaurant erstklassige Gerichte in einem reizenden Garten *(Di–So 10–17 Uhr)*. Der *Hokokuji-Tempel (tgl. 9–16 Uhr | Eintritt 300 Yen)* lädt mit einem Teehaus im Bambushain zum Verweilen ein. Hier kannst du bei einem grünen Matcha-Tee nebst Süßigkeit für 600 Yen mit Blick auf einen kleinen Wasserfall den Rummel von Tokio vergessen.

Broschüren gibt es beim *Tourist Information Center* am Bahnhof (Ostausgang). *c5*

56 FUJI-SAN (富士山) ★

90 km (von Shinjuku), ca. 2 Std. mit Bus oder Bahn

Wer an Japan denkt, dem kommt garantiert die perfekte Schönheit des majestätischen Fuji-san in den Sinn. Im Juli und August ist eine Besteigung des 3776 m hohen Vulkans mit etwas Vorbereitung gut möglich. Voraussetzungen sind zwei Tage Zeit, gute Kondition und Gesundheit, bergfeste Kleidung (Wanderschuhe, warme und regenfeste Jacke, Regenhose, Handschuhe und Mütze), Taschenlampe und vorsorglich eine Dose Sauerstoff für die dünnere Luft über 3000 m (erhältlich im Sporthandel).

Die Anfahrt zur fünften Bergstation der Yoshida-Route dauert etwa zweieinhalb Stunden, Busse der Firmen Keio und Fujikyu fahren im Sommer regelmäßig vom Westausgang des Shinjuku-Bahnhofs bis zur fünften Station auf 2500 m Höhe. Von der Bergstation aus geht es in vier bis sechs Stunden zu Fuß zum Gipfel des schlafenden Vulkans (der letzte Ausbruch war 1776), für den Abstieg solltest du drei Stunden einplanen. Manche Gipfelstürmer übernachten in einer der Berghütten entlang des Weges. Besonders beliebt ist der Aufstieg bei Nacht, denn so kann man zum Sonnenaufgang auf dem Gipfel des heiligen Berges stehen – ein einmaliges Erlebnis! Nebenbei entkommt man so der Tageshitze und dem Sonnenschein, denn am Fuji gibt es keinen einzigen Baum. Du möchtest wissen, wie es sich anfühlt, auf dem Mond zu laufen? Dann sprinte beim Abstieg vom Fuji-san die Sunabashiri-Route herab. Die ist so steil, aber auch sehr weich und sandig, dass man nur in Riesenschritten springen kann.

INSIDER-TIPP
Einmal auf dem Mond laufen

Zwei Dinge solltest du dennoch bedenken: Der Fuji ist ein ernst zu nehmender Berg, entsprechend kann das Wetter Kapriolen schlagen und es kann auch im Sommer im Gipfelbereich Frost geben. Außerdem reicht die Höhe aus, um bei empfindlichen Menschen, egal wie fit, leichte Symptome der Höhenkrankheit (Kopfschmerzen, Übelkeit) zu verursachen. Jede Saison erklimmen bis zu 300 000 Menschen den Gipfel – ¾ davon auf der Yoshida-Route, und die meisten nachts. Am einfachsten buchst du eine organisierte Tour, etwa mit den kenntnisreichen *Fujiyama Guides (fujiyamaguides.com/english/tours)*. *0*

ESSEN & TRINKEN

Japan ist unbestritten ein Land der Gourmets. Essen wird zelebriert, und selbst in gewöhnlichen Haushalten wird allabendlich Verschiedenes aufgetafelt. In Tokio gibt es so viele Restaurants mit Michelin-Sternen wie in keiner anderen Stadt, selbst in Paris nicht – und das teilweise für unter 10 Euro! Die meisten Restaurants sind auf ein kleines Segment spezialisiert – Ausnahmen sind lediglich Familienrestaurants und Izakaya, die berühmten Trinkhallen. In Tokio ist es dabei üblich, viele kleine Sachen zu bestellen – und diese auch miteinander zu teilen.

Die vielfältigen Nudelsuppen sind in Tokio allgegenwärtig

Für Nudelfans ist Japan ein Paradies. Überall gibt es Ramen- (Nudelsuppen), Tsukemen- (wie Ramen, nur dicker, wobei Nudeln und Suppe getrennt serviert warden), Soba- (Buchweizen), Udon- (sehr dicke Weizennudeln), aber auch Pasta-Restaurants. Das Bestellen ist denkbar einfach, sind doch die Speisekarten oft bebildert. Typisch japanisch sind auch die Plastikmodelle der angebotenen Speisen. Die meisten Restaurants sind außerdem, vor allem zur Mittagszeit, erstaunlich preiswert – und nicht selten so klein, dass gerade mal ein halbes Dutzend Gäste Platz findet.

WO TOKIO ISST

MARCO POLO HIGHLIGHTS

★ **NARISAWA**
Gesunder Hochgenuss im Rhythmus der Jahreszeiten ➤ S. 73

★ **EDOGIN**
Superfrischer Fisch in einer Sushi-Institution in der Nähe des Fischmarkts ➤ S. 75

★ **ICHINOTANI**
Vegetarische Varianten der deftigen Eintöpfe – Sumokost aus Expertenhand ➤ S. 75

★ **RESTAURANT LUKE**
Romantischer Biergarten 200 Meter über dem Häusermeer Tokios ➤ S. 75

★ **TENTAKE**
Hier wird der berühmte Kugelfisch serviert: Fugu-Restaurant mit Tradition ➤ S. 76

★ **KANDA YABU-SOBA**
Tokios bekanntestes Soba-Restaurant: Nudelspezialitäten in klassischem Ambiente ➤ S. 78

★ **MAISEN**
Wiener Schnitzel in der japanischen Variante ➤ S. 78

★ **TSUNAHACHI**
Zum Mittagessen: ausgezeichnetes Tempura zu sehr günstigen Preisen ➤ S. 79

Vor besonders beliebten Restaurants bilden sich in Tokio oft lange Schlangen.

INSIDER-TIPP
Keine Beine in den Bauch stehen

Lange Anstehen ist nicht dein Ding? Dann am besten noch vor der Öffnungszeit aufkreuzen. So erspart man sich oft die lange Warterei. Google zeigt zudem an, wann es wo besonders voll wird.

Für Freunde eines guten Tropfens ist Tokio ebenfalls ein Paradies, denn Essen und Trinken gehören in Japan untrennbar zusammen. Hier lohnt das Experimentieren: Sake passt zum Beispiel hervorragend zu typisch japanischen Gerichten wie Sushi oder Sashimi. Auch in Sachen Bier hat sich einiges getan: es gibt zahlreiche Craft-Biere oder sehr angenehme Biere wie *Ebisu* oder *Premium Malts*. Auch Wein ist sehr verbreitet, doch gute Tropfen muss man hier noch etwas suchen. Japanische Whiskys sind ebenso probierenswert.

Ob in Luxusrestaurants oder in einem der „Food Courts" genannten Sammelrestaurants, ob in winzigsten Lokalen oder Trinkhallen – Tokio kitzelt die Geschmacksnerven immer und überall – in kaum einer anderen Stadt der Welt ballt sich so viel guter Geschmack auf einen Haufen. Und entgegen anderslautender Gerüchte ist auswärts essen in Japan meist sehr preiswert.

CAFÉS

Im Land des grünen Tees existiert eine beachtliche Kaffeehauskultur. Hier werden einige Cafés mit dem gewissen, oft französisch geprägten Extra vorgestellt. Fast alle sind vom späten Vormittag bis zum späten Abend geöffnet.

AOYAMA FLOWER MARKET TEA HOUSE (青山フラワーマーケット ティーハウス 南青山本店)

Vorne Blumenladen, hinten Teehaus mit Blüten der Saison – wer Grün mag, wird diesen Ort lieben. *Tgl. 11–20, So bis 19 Uhr | 5-1-2 Minamiaoyama | 5-1-2* 南青山 *| Shibuya-ku |* 渋谷 *| U-Bahn G 02, C 03, Z 02 Omotesandō | Omotesandō/Aoyama |* *🕮 G9*

CERISE (セリーズ)

Du willst dir den Start in den Tag mal richtig versüßen? Ein Luxusfrühstück in edlem Ambiente (Buffet, englisch oder japanisch) gibt es ab 22 Euro. *Mo–Fr ab 6.30 Uhr, Sa/So ab 7 Uhr | 1-9-1 Higashi-Shimbashi | 1-9-1* 東新橋 *| Minato-ku |* 港区 *| U-Bahn E 19 Shiodome | Shimbashi |* *🕮 N9*

LE PAIN QUOTIDIEN (ルパンコティディアン芝公園店)

Feines Brot und Backwaren im europäischen Stil sowie leckere Salate sorgen vor allem am Wochenende für volle Tische in dem ansprechend eingerichteten Café mit angeschlossener Bäckerei. *Tgl. 7.30–22 Uhr | 3-3-1 Shibakoen | 3-3-1* 芝公園 *| Minato-ku |* 港区 *| U-Bahn I 05 Shibakoen | Roppongi/Azabu |* *🕮 M10*

8ABLISH

In diesem gemütlichen, hell eingerichteten Restaurant und Biocafé gibt es ausschließlich vegane Leckereien, dazu

Im Aoyama Flower Market Tea House sitzt man beim Tee wie in einem Gewächshaus

wird Ökokaffee serviert. *Tgl. 9–23.30 Uhr | 5-5-21 Minami-Aoyama | 5-5-21* 南青山 | *Minato-ku* | 港区 | *U-Bahn Z 02, G 02, C 04 Omotesandō* | *Omotesandō/Aoyama* | *G9*

VIRON (ヴィロン)
Die Backwaren in dieser Patisserie gehören zu den feinsten, die man in Tokio bekommen kann. Das Café im 1. Stock ist trotz der saftigen Preise immer voll. Ein echter Geheimtipp ist das Frühstück: Für rund 12 Euro gibt es einen Brotkorb, eine umfangreiche Auswahl an Marmeladen, Kaffee bis zum Abwinken und zwei Gebäckstückchen nach Wahl, die du dir auch zum Mitnehmen einpacken lassen kannst. *Tgl. 9–22 Uhr | 33-8 Udagawa-cho | 33-8* 宇田川町 | *Shibuya-ku* | 渋谷区 | *S-Bahn Yamanote Shibuya | U-Bahn Z 01, G 01, F 16 Shibuya* | *Shibuya* | *E10*

MAIDCAFE MAIDREAMIN AKIHABARA IDOL-DORI (めいどりーみん秋葉原アイドル通り店)
Man liebt sie oder man hasst sie, aber um das zu entscheiden, musst du sie erlebt haben – Maid Cafés, in denen man in die klebrig-süße Anime-Welt abtauchen kann. Ach ja, Essen und Getränke gibt's auch, aber das ist hier eher Nebensache. Am besten im Voraus und online reservieren unter *maidreamin.com/multilp_ger. Mo–Fr 11.30–23, Sa/So 10.30–23 Uhr | 4-4-2 Sotokanda, 4F | 4-4-2* 外神田 | *Chiyoda-ku* | 千代田区 | *U-Bahn G14 Suehirochō* | *Akihabara/Kanda* | *P4*

KNEIPEN

Izakaya nennt man in Japan gemütliche Kneipen, in denen man sich in lockerer Atmosphäre abends zum Bier

Speisekarte mit japanischen Schriftzeichen: sieht schön aus, aber was steht drauf?

oder Sake trifft. Es ist üblich, alles in der Runde zu bestellen und zu verzehren. Man erkennt *izakaya* häufig an roten Laternen. Manche, wie die beliebten *yakitoriya*, haben sich auf Hühnchengerichte spezialisiert.

HANTEI (はん亭)

Schon wegen des traditionellen Holzinterieurs lohnt sich der Besuch dieses in der Nähe des Ueno-Parks gelegenen Lokals. Köstlich sind die *Kushiage,* eine frittierte Edelversion der Yakitori-Fleischspießchen, die aus Ōsaka stammt. *Mo geschl.* | *2-12-15 Nezu* | *2-12-15* 根津 | *Bunkyō-ku* | 文京区 | *Tel. 03 38 28 14 40* | *U-Bahn C 14 Nezu* | *€€* | *Ueno* | *Ⅲ O1*

EBISU YOKOCHO (恵比寿横丁)

Früher gab es sie überall, aber sie sind in Tokio selten geworden: Die „Yokochō" genannten Cluster kleiner und kleinster Kneipen. Die authentischste findet man in Ebisu, gleich am Bahnhof und dennoch gut versteckt. Die Kneipen gehen fließend ineinander über, es gibt diverse Spezialitäten zu Essen und die Atmosphäre ist immer ausgelassen – hier kommt man sehr schnell ins Gespräch mit Japanern. Lust auf Sushi, aber kein Bock auf Fisch? Hier gibt es auch „Niku-Sushi" – mit Fleisch. Besonders die Variante mit nur leicht angegarten, hauchdünnen Rindfleisch ist ein Gedicht. *Tgl. 17–5 Uhr* | *1-7-4 Ebisu* | *1-7-4* 恵比寿 | *Shibuya-ku* | 渋谷区 | *U-Bahn H 02 Ebisu* | *S-Bahn Yamanote Ebisu* | *€–€€* | *Ebisu* | *Ⅲ G12*

MANMAYA (まんまや慶応仲通り店)

In einer Kneipengasse bei der Keio-Universität liegt der beliebte *izakaya* in einem alten Bauernhaus, gut erkennbar am roten Papierschirm. Gegessen wird auf Tatami-Matten oder am Tisch, für Gruppen gibt es Separees. Prima Preis-Leistungs-Verhältnis! *Tgl.* | *5-20-20 Shiba* | *5-20-20* 芝 | *Minato-ku* | 港区 | *Tel. 050 34 63 92 28* | *U-Bahn I 04, A 08 Mita* | *S-Bahn Yamanote Tamachi* | *€* | *Tamachi* | *Ⅲ K10*

Unsere Empfehlung heute

Häppchen zu Bier & Sake

BA-SASHI
Carpaccio aus Pferdefleisch

GINNAN
Aufgespießte Ginkgonüsse

HIYA-YAKKO
Gekühlter Tofu mit Sojasoße, Kräutern und Bonito-Flocken

TSUKUNE
Hühnerhackfleischbällchen am Spieß

Hauptgerichte

CHANKO-NABE
Herzhafter Fleisch-Gemüse-Eintopf (Leibspeise der Sumoringer)

OKONOMI-YAKI
Eine Art Omelett aus Fleisch, Gemüse, Garnelen und Tintenfisch; vom Koch vor den Augen der Gäste zubereitet

TEMPURA-SOBA, TEMPURA-UDON
Suppe aus Buchweizen- oder Weizenmehlnudeln

ODEN
Gesimmertes Gemüse, hart gekochte Eier, Tofu etc.

TONKATSU
Schweineschnitzel mit einer herzhaften Soße

CHIRASHI-ZUSHI
Meeresfrüchte, Gemüse- und Omelettstreifen auf einer Schale mit gesäuertem Reis

ZARU-SOBA
Kalte Soba-Nudeln mit einer Soße aus Soja, Meerrettich und Frühlingszwiebelringen

Erlesenes

CHŪTORO, ŌTORO
Die fettesten Teile aus dem Thunfischbauch

UNA-DON
Über Holzkohle gegrillte Aalfilets mit einer sämigen Soße aus Soja und süßem Sake, auf Reis serviert

Für den kleinen Appetit

MOCHI
Zähe Süßspeise aus gestampftem Reis

YAKIIMO
Gebackene Süßkartoffeln

NANBANTEI (南蛮亭)

Das Hauptgeschäft dieser Yakitori-Kette ist auch bei den ansässigen Ausländern sehr beliebt. Freundliches Personal. *So geschl. | 4–5-6 Roppongi | 4–5-6* **六本木** | *Minato-ku* | **港区** | *Tel. 03 34 02 06 06 | U-Bahn H 04, E 23 Roppongi | €€ | Roppongi/Azabu | K9*

SOBA HOUSE KONJIKI HOTOTOGISU (金色不如帰)

Seit 2015 darf sich dieses winzige Ramenrestaurant direkt neben dem Shinjuku Gyoen mit einem Michelin-Stern zieren – und trotzdem kostet die Schale dampfender Nudelsuppe nur um die 10 Euro. Am besten die Suppe erst so probieren, dann ein bisschen umrühren, wieder probieren und so weiter. Ein Gedicht! Liegt etwas versteckt in einer Seitengasse. *Mo–Fr 11–15 und 18.30–22 Uhr | 2–4-1 Shinjuku | 2–4-1* **新宿** | *Shinjuku-ku* | **新宿区** | *Tel. 03 33 73 45 08 | U-Bahn Shinjuku Gyoen-mae | € | Shinjuku | F5*

STAND BY FARM (スタンドバイファーム)

Im Nichtraucherlokal kommt das Biogemüse direkt vom Bauernhof. Hier wird alles – auch Fleisch – einfach, aber raffiniert zubereitet, auch zur Lunchzeit. Das hippe Ambiente zieht vor allem junge Leute an. *Tgl. | 3–12-7 Ginza | 3–12-7* **銀座** | *Chūō-ku* | **中央区** | *Tel. 03 62 64 74 60 | U-Bahn A 11, H 09 Higashi-Ginza | €€ | Ginza/Hibiya | O8*

SUISUI (粋酔)

Bei Suisui gibt es in fröhlicher Atmosphäre gutbürgerliche Küche. Highlight sind die über 100 Reisweine. Zum Pauschalpreis von ca. 25 Euro kannst du hier zwei Stunden so viel Sake trinken, wie reinpasst. *So geschl. | 3–35-9 Higashiueno | 3–35-9* **東上野** | *Taito-ku* | **台東区** | *Tel. 050 53 46 58 75 | U-Bahn G 17 Inarichō | €€ | Ueno | Q2*

TAKETOMIJMA (竹富島)

Hier schmeckt es wie auf Taketomijma, einer Insel in Okinawa, bekannt für tiefblaues Meer und Traumstrände. Unbedingt *umibudō*, eine traubenartige, salzig schmeckende Meerespflanze, und das „Nationalgericht" *goya champuru*, ein Pfannengericht aus Ei, Tofu, Schweinefleisch und Bittergurke, probieren! *Tgl. | Daito Ginza Bldg. B 1F* | **大東銀座ビル***B1 | 6–12-13 Ginza | 6–12-13* **銀座** | *Chūō-ku* | **中央区** | *Tel. 050 55 70 69 75 | U-Bahn M 16, H 06, G 09 Ginza | € | Ginza/Hibiya | O8*

TOTOSHIGURE SHIMOKITAZAWA (ととしぐれ・下北沢店)

Es gibt unzählige tolle Lokale im quirligen Shimokitazawa, aber dieser *izakaya* ist außerordentlich gut. Direkt am Tresen, dekoriert mit frischem Gemüse, kannst du den flinken Köchen zusehen. Drinnen sitzt man an niedrigen Tischen mit Fußraum darunter, draußen auf einer schmalen Holzterrasse. Gute Sake-Auswahl! Folge vom Südausgang der Bahn geradeaus der abfallenden Straße, in ca. 7 Minuten bist du da. *Tgl. | 5–30-12 Daizawa | 5–30-12* **代沢** | *Setagaya-ku* | **世田谷区** | *Tel. 050 73 02 06 18 | totoshigure-shimokitazawa.com | S-Bahn Odakyu, Keio Inokashira Shimokitazawa | € | Shimokitazawa | A10*

RESTAURANTS €€€

HATANAKA (天ぷら　畑中)

Dieses kleine Tempura-Restaurant ist bekannt für erstklassige und ungewöhnliche Zutaten. So verwendet Chefkoch Hiroyoshi Hatanaka für seine knusprigen Tempura-Gerichte, die mit einem Michelin-Stern ausgezeichnet sind, je nach Jahreszeit für die Saison typische Zutaten. Bei der Auswahl der frittierten Köstlichkeiten kann er auf Englisch helfen. *Tgl. | 2-21-10 Azabujuban | 2-21-10* 麻布十番 | *Minato-ku* | 港区 | *Tel. 03 34 56 24 06 | U-Bahn N 04, E 22 Azabujuban* | *Roppongi/Azabu* | *K11*

KITAOHJI SHINJUKU SARYO (北大路新宿茶寮)

Hier genießt du Kaiseki-Menüs im 51. Stock. Edle Separees für Gruppen mit *horigotatsu*-Tischen (man sitzt am Boden, aber Fußraum unterm Tisch), die Kellnerinnen tragen Kimono. *Mo–Fr 11.30–14 und 17–22.30, Sa 11.30–15 und 17–21 Uhr | 2-6-1 Nishishinjuku | 2-6-1* 西新宿 | *Shinjuku-ku* | 新宿区 | *Tel. 050 52 86 10 35 | U-Bahn E 28 Tochōmae* | *Shinjuku* | *E5*

NARISAWA (ナリサワ) ★

Handverlesen: Sternekoch Yoshihiro Narisawa in seinem Restaurant

In seinen den Jahreszeiten folgenden Menüs, die von der französischen Küche inspiriert sind, vereint Yoshihiro Narisawa seine vielfach ausgezeichneten Kochkünste mit seiner Passion als Umweltschützer und Naturliebhaber. Alle Zutaten kommen von handverlesenen Höfen, die ohne chemische Keule arbeiten. Auch Allergiker mit Gluten- oder Laktoseunverträglichkeit können in minimalistischem Ambiente unbedenklich essen, sie bekommen abgewandelte Gerichte serviert. Unbedingt reservieren! *Tgl. | 2-6-15 Minami Aoyama | 2-6-15* 南青山 | *Minato-ku* | 港区 | *Tel. 03 57 85 07 99 | U-Bahn E 24, Z 03, G 04 Aoyama-Itchome* | *Omotesando/Aoyama* | *H8*

SERYNA HONTEN (瀬里奈 本店)

In gediegener Atmosphäre kannst du hier das berühmte Kobe-Beef und natürlich auch „normales" Rindfleisch versuchen. Entweder wird das Fleisch auf heißen Steinen gebraten *(ishiyaki)*, als *shabushabu* (Fondue aus dünn aufgeschnittenem Beef) oder im *suki-yaki*-Stil in einer süßlich-deftigen Brühe mit Ei serviert. *Tgl. | 3-12-2 Roppongi | 3-12-2 六本木 | Minato-ku | 港区 | Tel. 03 34 02 10 51 | U-Bahn H 04, E 23 Roppongi | Tsukiji | K9*

SUKIYABASHI JIRO (すきやばし次郎)

Drei Michelin-Sterne bescheren Sushi-Altmeister Jiro Ono und seinem Sohn ein stets volles Restaurant. Die saisonal abgestimmten Köstlichkeiten kosten über 320 Euro. Lange genießen kann man hier leider nicht – nach rund 20 Minuten wird man freundlich herausdelegiert. Japanisch-Kenntnisse sind nötig. *Sa, So, feiertags und Mitte Aug. geschl. | Tsukamoto Sogyo Building B1F | 4-2-15 Ginza | 4-2-15 銀座 | Chūo-ku | 中央区 | Tel. 03 35 35 36 00 | sushi-jiro.jp/shop-info | U-Bahn M 16, H 08, G 09 Ginza | Ginza/Hibiya | O8*

TŌFUYA UKAI (とうふ屋　うかい)

Ein kulinarisches Erlebnis der ganz besonderen Art. Das Herzstück der Anlage ist eine fein polierte, 200 Jahre alte Sakebrauerei samt Lagerhalle. Dort nehmen in Kimono gekleidete Damen die Gäste freundlich in Empfang. Drumherum liegt ein wunderschöner, mit Laternen und Karpfenteichen geschmückter Garten. Im Mittelpunkt der wohlschmeckenden Speisen steht Tofu. Reservierung wird empfohlen. *Tgl. | 4-4-13 Shibakoen | 4-4-13 芝公園 | Minato-ku | 港区 | Tel. 03 34 36 10 28 | U-Bahn E 21 Akabanebashi | Roppongi/Azabu | L10*

RESTAURANTS €€

A 16 (エーシックスティーン)

Sollten deine Geschmacksnerven mal etwas anderes wollen als japanische Küche, versuche es doch mal mit Pizza aus dem Steinofen oder guter italieni-

Intimes Essen mit Blick auf den japanischen Garten im Tōfuya Ukai

scher Pasta. Im A 16 sitzt man drinnen wie draußen (im begrünten Hof) sehr schön. *Tgl. | Marunouchi Park Bldg. | 2-6-1 Marunouchi | 2-6-1* 丸の内 *| Chiyoda-ku |* 千代田区 *| Tel. 03 32 12 52 15 | U-Bahn M 17 Tokyo | Marunouchi |* 🕮 *O7*

EDOGIN (江戸銀) ★

Nur wenig Reis, aber dafür reichlich frischer Fisch – diese schlichte Formel hat die Reputation dieser Sushi-Institution, die in der Nähe des Fischmarkts liegt, begründet. Du bist wagemutig und deine Reisekasse strapazierbar? Dann frag am besten nach den Spezialitäten des Tages. *Tgl. | 4-5-1 Tsukiji | 4-5-1* 築地 *| Chūō-ku |* 中央区 *| Tel. 03 35 43 44 01 | U-Bahn H 10 Tsukiji | Tsukiji |* 🕮 *O9*

GONPACHI (権八)

Tarantino-Fans kennen den Ort aus „Kill Bill": In dieser Riesen-*Kura* (Lagerhaus) wird ziemlich rustikale Tradition inszeniert – sowohl kulinarisch als auch atmosphärisch. Nicht nur am Wochenende ist es dort sehr voll – besser reservieren! *Tgl. | 1-13-11 Nishi-Azabu | 1-13-11* 西麻布 *| Minato-ku |* 港区 *| Tel. 03 57 71 01 70 | U-Bahn H 04, E 23 Roppongi | Azabu |* 🕮 *J10*

ICHINOTANI (一の谷) ★

Chanko-nabe, ein delikater Eintopf, gilt als das Leibgericht der Sumoringer. Der Wirt des Ichinotani stand früher selbst im Ring – dennoch hat er sich auf vegetarische Varianten des herzhaften Eintopfs spezialisiert. Auch von Antiquitäten versteht er etwas, wie hier viele prächtige Sammlerstücke beweisen. Unbedingt reservieren! *So und feiertags geschl. | 2-13-4 Soto-Kanda | 2-13-4* 外神田 *| Chiyoda-ku |* 千代田区 *| Tel. 03 32 51 85 00 | U-Bahn G 14 Suehirochō | Akihabara/Kanda |* 🕮 *P3*

KINSUI (錦水)

Kaum ein traditionelles Restaurant in Tokio liegt schöner. Inmitten des Chinzan-sō-Gartens strahlt das Kinsui jene würdevolle Ruhe aus, die in Japan zur gehobenen Esskultur gehört. Das vom Chef empfohlene Kaiseki-Menü kostet mittags ab ca. 90 Euro, abends ab 150 Euro plus Bedienung und Steuer. Extraräume können angemietet werden, Reservierung und angemessene Kleidung sind notwendig. *Tgl. | 2-10-8 Sekiguchi | 2-10-8* 関口 *| Bunkyō-ku |* 文京区 *| Tel. 03 39 43 11 11 | hotel-chinzanso-tokyo.com/dining/kinsui | U-Bahn Y 12 Edogawabashi | Kagurazaka |* 🕮 *J2*

MANDALA (マンダラ)

Für Liebhaber von Curry und Co.: Hier wird überdurchschnittlich gut indisch gekocht. *Tgl. | 2-17 Kanda Jinbōchō | 2-17* 神田神保町 *| Chiyoda-ku |* 千代田区 *| Tel. 03 32 65 04 98 | westindia-group.com/mandala | U-Bahn S 06, I 10, Z 07 Jinbōchō | Akihabara/Kanda |* 🕮 *N5*

RESTAURANT LUKE (レストランルーク) ★

200 m über dem Häusermeer bietet das „Luke" neben einem exquisiten französischen Restaurant auch Tokios höchsten Biergarten unter freiem Himmel (März–Sept.). Perfekt für ein ro-

Gericht für Nervenstarke: Fugu im Restaurant Tentake

mantisches Dinner, auch Sonderwünsche für Allergiker werden erfüllt. Unbedingt reservieren! *Tgl.* | *8–1 Akashichō* | *8–1* 明石町 | *Chūō-ku* | 中央区 | *Tel. 03 32 48 02 11* | *restaurant-luke.com/restaurant.html* | *U-Bahn H 10 Tsukiji* | *Marunouchi* | *E10*

SHABUSHABU ON'YASAI GINZA 5-CHŌME-TEN (しゃぶしゃぶ温野菜 銀座 5丁目店)

Für das *shabushabu*-Brühfondue – ab 25 Euro pro Person – kannst du 90 Minuten lang unbegrenzt Fleisch, Gemüse und Beilagen ordern. Es gibt zudem fast ein Dutzend Sorten Brühe, die saisonal wechseln. Sesam kommt in Japan in vierlei Gestalt. Hier zum Beispiel als „Surigoma", einem Dip aus gemahlener Sesampaste. Ein Gedicht! Viele Filialen in ganz Japan, englisches Menü auf der Website. *Tgl.* | *Diamond Bldg. B2F* | ダイヤモンドビル *B2F* | *5-9-12 Ginza* | *5-9-12* 銀座 | 中央区 *Chūō-ku* | *Tel. 03 62 74 60 29* | *onyasai.com* | *U-Bahn G09, M16, H09 Ginza/Hibiya* | *Ginza/Hibiya* | *O9*

INSIDER-TIPP
Sesam öffne Dich!

TENTAKE (てんたけ) ★

Dieses traditionsreiche Fugu-Restaurant in der Nähe des alten Fischmarkts in Tsukiji besticht durch sein sehr gutes Preis-Leistungs-Verhältnis. Ein weiterer Pluspunkt: die englischsprachige Speisekarte. *So geschl.* | *6–16-6 Tsukiji* | *6–16-6* 築地 | *Chūō-ku* | 中央区 | *Tel. 03 35 41 38 81* | *U-Bahn H 10 Tsukiji* | *Tsukiji* | *P9*

TEPPANYAKI TEN GINZA 6-CHOME (鉄板焼 天 銀座6丁目店)

Bei *teppanyaki* werden Fleisch, Meeresfrüchte oder Gemüse auf der heißen Platte gebraten. Die Schnelligkeit der Köche ist beeindruckend. Eine gute Menüfolge beginnt bei ca. 50 Euro. Bestens gelaunter Service, lebhafte Atmosphäre. Im Teppanyaki Ten ist ein Platz am Tresen unbedingt empfehlenswert – hier kannst du den Köchen direkt auf die Finger schauen und mit ihnen manchmal auch ins Gespräch kommen. *Tgl.* | *6–14-5 Ginza* | *6–14-5* 銀座 | *Chūō-ku* | 中央区 | *Tel. 03*

INSIDER-TIPP
In der ersten Reihe

32 48 66 69 | teppanyaki-ten.com/ginza6 | U-Bahn A 11, H 09 Higashi-Ginza | Ginza/Hibiya | 09

TOKORI (UENO BAMBOO GARDEN) (土古里上野バンブーガーデン店)

Hier ist *yakiniku* auf Koreanisch: auf Tischgrills selbst gebratenes Fleisch, besonders lecker, Spezialität ist Rinderzunge. Für Trainspotter gibt es noch ein besonderes Schmankerl: Manche Tische haben Blick auf die geschäftige Ueno-Station. *Tgl. | 1–52 Ueno-kōen | 1–52 上野公園 | Taito-ku | 台東区 | Tel. 03 58 07 22 55 | to-ko-ri.jp/shop | U-Bahn G 16, H 17 Ueno | S-Bahn Yamanote Ueno | Ueno | P2*

RESTAURANTS €

CRAYON HOUSE (クレヨンハウス)

Im Restaurant *Hiroba* im Basement werden ausschließlich ökologische Zutaten verwendet. Jeden Montag gibt es Mittag und Abendgerichte für Vegetarier und Veganer. Für die Bioqualität ist das Lunchbüfett für rund 10 Euro erstaunlich preiswert. Entsprechend groß ist der Andrang, komm daher am besten vor 12 Uhr oder nach 13.30 Uhr. Im Sommer sitzt man schön draußen. In den oberen drei Stockwerken findest du zudem Biokosmetik, Gesundheitsratgeber und Holzspielzeug. *Tgl. | 3–8-15 Kita-Aoyama | 3–8-15 北青山 | Minato-ku | 港区 | Tel. 03 34 06 64 09 | U-Bahn G 02, Z 02, C 04 Omotesandō | Omotesandō/Aoyama | G9*

DASHICHAZUKE EN (だし茶漬け えん)

Ochazuke sind leicht und lecker: Gemüse, Fisch oder Seetang auf Reis werden mit Grünteebrühe übergossen. Filialen, u. a. auch am Flughafen Narita. *Tgl. | Roppongi Hills North Tower B1F | 6–2-31 Roppongi | 6–2-31 六本木 | Minato-ku | 港区 | Tel. 03 57 72 92 96 | U-Bahn H 04, E 23 Roppongi | Roppongi | J10*

HARAJUKUGYOZARO (原宿餃子楼)

So müssen frittierte *gyoza* (gefüllte Teigtaschen) sein: außen knusprig, innen saftig. Und das alles zu einem sehr erschwinglichen Preis. Kein Wunder, dass sich hier oft lange Schlangen bilden. Die gekochte Variante steht der gebratenen übrigens in nichts nach. *Tgl. | 6–2-4 Jingumae | 6–2-4 神宮前 | Shibuya-ku | 渋谷区 | Tel. 03 34 06 47 43 | S-Bahn Yamanote Harajuku | Omotesandō/Aoyama | F9*

ICHIOKU (一億)

Ist es nun japanische Küche mit westlichem Einschlag oder doch eher westliche Küche mit japanischem Flair? Probier es aus! Auf jeden Fall lieben Ausländer wie Einheimische dieses winzige, gemütliche Lokal, wo selbst das „stille Örtchen" etwas Unverwechselbares hat. *Tgl. | 4–4-5 Roppongi | 4–4-5 六本木 | Minato-ku | 港区 | Tel. 03 34 05 98 91 | U-Bahn H 04, E 23 Roppongi | Roppongi/Azabu | K9*

KAIKŌ (海幸)

Dieses Sushi-Restaurant ist ein echter Geheimtipp, da es etwas außerhalb liegt. So viel steht fest: Hier wird an den *neta* (den Auflagen beim Sushi) nicht gekleckert, sondern geklotzt. Besonders empfehlenswert sind hier Engawa-Sushi – die Flossen von Heilbutt, Scholle & Co. Das weiße, feste Fleisch hat einen ganz eigenen Geschmack und eine Textur, die man bei Fisch so nicht erwartet. Im Preis-Leistungs-Verhältnis einfach unschlagbar. Rund 25 Euro sollte man für einen Durchgang einplanen. *Tgl. 11–20 Uhr, manchmal Mi und Mo geschl. | 4-1-13 Kita-Suna | 4-1-13 北砂 | Koto-ku | 江東区 | Tel. 03 36 46 01 65 | U-Bahn T 15 Minami-Sunamachi | Sunamachi | 🕮 0*

INSIDER-TIPP
Eins auf die Flossen

KANDA YABU-SOBA (やぶそば) ★

Seit 140 Jahren begeistert Tokios berühmtestes Soba-Lokal Fans von Buchweizennudelgerichten. Unbedingt saisonale Spezialitäten, wie z. B. Soba mit Austern und Riesenblättertang im Winter, probieren! Nur Barzahlung möglich. *Do–Di 11.30–20 Uhr | 2-10 Kanda-Awajichō | 淡路町 2-10 | Chiyoda-ku | 千代田区 | Tel. 03 32 51 02 87 | U-Bahn M 19 Awajichō | Kanda | 🕮 O4*

KOMAGATA DOZEU (駒方どぜう)

Die richtige Adresse für Gourmet-Abenteurer. *Dojō* (Schmerle oder Bartgrundel) ist ein aalähnlicher, winziger Fisch, der als Eintopf, mit Ei überbacken oder in Misosuppe kredenzt wird. Eine Spezialität, für die Japaner auch lange anstehen. In dem Traditionslokal aus dem 19. Jh. wird auf Kissen auf der Erde sitzend gegessen. *Tgl. | 1-7-12 Komagata | 1-7-12 駒方駒形 | Taitō-ku | 台東区 | Tel. 03 38 42 40 01 | U-Bahn G 19, A 18 Asakusa | Asakusa | 🕮 S3*

MAISEN (まい泉) ★

Tonkatsu heißt die japanische Variante des Wiener Schnitzels, das hier aus Schweinefleisch zubereitet wird. Wer *kurobuta* (wörtlich: Schwarzes Schwein!) bestellt, dem wird das angeblich beste Schweinefleisch der Welt serviert. Für *tonkotsu*, aber auch für *takoyaki* und andere Gerichte, benutzt man gern eine dicke, schwarze und sofort süchtig machende „Chūnō-Sauce" – eine Art Worcestersauce mit japanischem Touch. *Tgl. | 4-8-5 Jingūmae | 4-8-5 神宮前 | Shibuya-ku | 渋谷区 | Tel. 0120 42 84 85 | U-Bahn C 04, G 02, Z 02 Omotesandō | Omotesandō/Aoyama | 🕮 G9*

INSIDER-TIPP
Die obligatorische Sauce

NOBU TOKYO (ノブ東京)

Nobu Matsuhisa gilt als einer der kreativsten und bekanntesten japanischen Köche. Er führt auch Restaurants in New York und London. Lunch à la carte gibt es ab ca. 25 Euro, die Empfehlung des Chefs *(omakase)* kostet etwa 80 Euro. Abends kommt man ab 40 Euro in den Genuss einer Hauptspeise. *Tgl. | Toranomon Tower Office 1F | 4-1-28 Toranomon | 4-1-28 虎ノ門 | Minato-ku | 港区 | Tel. 03 57 33 00 70 | noburestaurants.com/tokyo | Roppongi/Azabu | 🕮 L9*

Der aalähnliche *dojō* wird oft im traditionellen Hot Pot serviert

NODAIWA (野田岩)

Mit zartestem Aal wusste man hier schon zur Edo-Zeit die Gäste zu erfreuen. *So geschl. | 1–5-4 Higashi-Azabu | 1–5-4* **東麻布** *| Minato-ku |* **港区** *| Tel. 03 35 83 78 52 | U-Bahn H 02 Akabanebashi | Roppongi/Azabu | 📖 L11*

SORANOIRO (ソラノイロ)

Unter den unzähligen Ramen-Restaurants ist dieser Laden etwas Besonderes. Das Beste: Hier gibt es auch Ramen für Menschen, die glutenfrei, vegetarisch oder vegan essen, und das ist wirklich selten. Bestellt wird am Ticket-Automat. *Sa geschl. | 1–3-10 Hirakawacho | 1–3-10* **平河町** *| Chiyoda-ku |* **千代田区** *| Tel. 03 32 63 54 60 | U-Bahn Y 15 Kōjimachi | Hanzomon | 📖 L6*

TAKENO SHOKUDO (たけの食堂)

Das Angebot kreist um Sushi, Sashimi und Tempura. Versteckt in einem Gässchen vor der Tsukiji-6-chome-Kreuzung. Üppige Portionen und erstklassige Qualität locken vor allem Fischmarktangestellte an. Und das zu sehr zivilen Preisen. Vor 18 Uhr kommen. *So und feiertags geschl. | 6–21-2 Tsukiji | 6–21-2* **築地** *| Chūō-ku |* **中央区** *| Tel. 03 35 41 86 98 | U-Bahn E 18 Tsukijishijō | Tsukiji | 📖 P9*

TSUNAHACHI (つな八) ★

Tsunahachi-Filialen gibt es einige in Tokio. Allen gemeinsam ist die nette, entspannte Atmosphäre sowie das erstklassige, aber dennoch preiswerte Tempura-Angebot. *Matsuya Dept. Store, 8F | 3–6-1 Ginza | 3–6-1* **銀座** *(📖 O8) (tgl. | Chūo-ku |* **中央区** *| Tel. 03 35 67 13 74 | U-Bahn G 09, M 16 Ginza | Ginza/Hibiya); Hauptfiliale: 3–31-8 Shinjuku | 3–31-8* **新宿** *(📖 F5) (tgl. | Shinjuku-ku |* **新宿区** *| Tel. 03 33 52 10 12 | U-Bahn M 08 Shinjuku | S-Bahn Yamanote Shinjuku | Shinjuku)*

SHOPPEN & STÖBERN

Einkaufen in Tokio, einer der teuersten Städte der Welt? Aber sicher! Vorausgesetzt allerdings, man hat sich vorab informiert, was das Gewünschte zu Hause kostet. Denn vorbei sind die Zeiten, da sich Nikons, Sonys oder Hitachis in ihrem Ursprungsland noch zu Schleuderpreisen erstehen ließen. Doch wer zollfrei einkauft, findet noch immer preiswerte Angebote, und oft ist hier schon zu haben, was in anderen Breiten erst Monate später auf den Markt kommt.

Atrium im JP Tower

Kleidermode made in Japan ist hier begreiflicherweise erschwinglicher als andernorts – vor allem, wenn im Januar/Februar und Juni/Juli Platz für die brandneue Kollektion gebraucht wird. Japanisches Kunsthandwerk, vom Adressbüchlein aus handgeschöpftem Papier bis hin zum Samuraischwert, ist ebenfalls preiswerter. Doch selbst wer gar nichts erwerben will, sollte auf einen Bummel durch Tokios unzählige Einkaufsstätten nicht verzichten, denn sie sind ein Bestandteil der japanischen Kultur.

WO TOKIO SHOPPT

MARCO POLO HIGHLIGHTS

★ **AKIHABARA**
Mekka der Elektronikfans ➤ S. 84

★ **ORIENTAL BAZAAR**
Vom billigen Mitbringsel bis zu erlesenen Antiquitäten ➤ S. 85

★ **BOOKS KINOKUNIYA TOKYO**
Bücher, auch in verständlichen Sprachen ➤ S. 85

★ **YODOBASHI CAMERA**
Das größte Kamerageschäft der Welt – auch Uhren etc. in Riesenauswahl ➤ S. 86

★ **HANAZONO-SCHREIN**
Der beste Flohmarkt von vielen ➤ S. 87

★ **COREDO MURAMACHI**
Traditionelles Kaufhaus im modernen Design ➤ S. 88

★ **HARA SHOBŌ**
Paradies für Fans von japanischen Holzschnitten ➤ S. 90

★ **ITŌYA**
Schreibwarengeschäft mit großer Auswahl an Japanpapier und Kalligrafie-Utensilien ➤ S. 90

★ **FROM 1ST**
Legendäres Modehaus: Nachwuchsdesigner geben jetzt den Ton an ➤ S. 92

★ **MIKIMOTO**
Erstklassige Ware: die Perle unter den Perlengeschäften ➤ S. 93

Viele der kleinen Familienbetriebe sind bis weit in den Abend hinein geöffnet, die *Convenience Stores* amerikanischer Prägung haben sogar rund um die Uhr auf. Ein Shopping-Gefühl besonderer Art vermitteln die schier endlosen unterirdischen Einkaufslabyrinthe der größeren Bahnhöfe. Neben traditionellen Kaufhäusern sind *fashion buildings* mit Schwerpunkt auf Mode Kundenmagnete. Kurzum: Nichts ist in Tokio leichter, als dem Kaufrausch zu verfallen.

Dabei hat das Einkaufsvergnügen in Tokio viele Facetten. In *Ameyoko (📖 P2)* geht es noch ein wenig so zu wie nach dem Zweiten Weltkrieg, als in der Gegend der Schwarzmarkt florierte. Erheblich ruhiger präsentiert sich *Jimbocho (📖 N4–5)*, wo sich dutzende Antiquariate aneinanderreihen. Hobby- wie Profiköche finden in der Küchenstraße *Kappabashi (📖 R1–2)* ihr Paradies auf Erden – darunter auch die berühmten japanischen Messer, Plastiknachbildungen von Sushi & Co. und Stäbchen jeglicher Couleur. Überhaupt: In Tokio sind die verschiedenen Handwerke noch schön in Vierteln konzentriert. Für alle, die in Tokio nach neuester Hightech suchen, ist ★ ⚑ *Akihabara (📖 P–Q4) (akiba.or.jp/english)* der absolut richtige Ort: Das Viertel mit Hunderten von Discountgeschäften ist nicht nur ein Mekka für Elektronikfreaks, sondern auch für Manga- und Animefans.

WOHIN ZUERST?

Eine ausgewachsene Shoppingtour kannst du je nach Neigung und Geldbeutel in Angriff nehmen. In **Shibuya** *(📖 E–F10)* und **Harajuku** *(📖 F8)* gibt es junge, flippige Mode. Auf der **Ginza** *(📖 O8)* geht es in edlen Boutiquen und traditionellen Kaufhäusern gediegen zu. Kunsthandwerk findest du in **Nihonbashi** *(📖 P7)* oder **Asakusa** *(📖 R–S 1–2)*, alte Bücher in Jimbocho. Als Elektronikfans findest du dein Mekka in **Akihabara** *(📖 P–Q4)*, dem blinkenden und lärmenden Epizentrum der technikverliebten Hauptstadt.

ANTIQUITÄTEN

Antiquitätenläden drängen sich an der *Kottō-dōri (📖 G10)* in Aoyama. Am Zenpukuji-Fluss nördlich vom Bahnhof *Nishi-Ogikubo (📖 d2)* verkaufen rund 55 Antiquitäten-, Secondhand- und Recycle-Shops alles von japanischer Keramik bis zu amerikanischem Kitsch aus den 1950er-Jahren. Frag einfach am *kōban* (Polizeistation) nach einer *antikku mappu* (Karte). Bei den nachstehenden Adressen berät man dich mit Sicherheit auf Englisch.

ANTIQUES NISHIKAWA (古美術　西川)

Der Laden hat sich auf *Ko-Imari*, feines Porzellan, spezialisiert. Die wunderschön bemalten Teller und Tassen bezauberten schon im 18. Jh. europäische Käufer. *Mi–Mo 11–18 Uhr | 2-20-14 Azabu-juban | 2-20-14* 麻布十番 *| Minato-ku |* 港区 *| nishikawa-art.com | U-Bahn N 04, E 22 Azabu-Juban | Azabu-Juban | 📖 K11*

Louis Vuitton & Co.: Luxusboutiquen findet man auf der Ginza

ORIENTAL BAZAAR (オリエンタル　バザー) ★

Neben echten Antiquitäten (und schönen Nachbildungen aus Korea und China) sind Kimonos, Holzschnitte und Kunsthandwerk günstig zu haben. *Fr–Mi 10–19 Uhr | 5-9-13 Jingūmae | 5-9-13 神宮前 | Shibuya-ku | 渋谷区 | orientalbazaar.co.jp/en | U-Bahn G 02, C 04, Z 02 Omotesandō | Harajuku | F9*

THE TOLMAN COLLECTION (ザ トルーマン コレクション)

Die Galerie von Weltruf führt traditionelle und zeitgenössische Drucke. *Mi–So 11–19 Uhr | 2-2-18 Shiba Daimon | 2-2-18 芝大門 | Minato-ku | 港区 | U-Bahn E 20 Daimon | Shiba | M11*

BÜCHER

BOOKS KINOKUNIYA TOKYO (紀伊國屋) ★

Ein Mekka für Bücherwürmer. Im 6. Stock gibt es das größte Angebot fremdsprachiger Bücher in Japan, darunter auch deutsche Literatur (inkl. Kinderbücher). *Tgl. 10–20.30 Uhr | Takashimaya Times Square | 5-24-2 Sendagaya | 5-24-2 千駄ヶ谷 | Shibuya-ku | 渋谷区 | U-Bahn M 08 Shinjuku | S-Bahn Yamanote Shinjuku | Shinjuku | F6*

ELEKTRISCHES & ELEKTRONISCHES

BIC CAMERA HONTEN (ビックカメラ本店)

Neun Etagen voller Elektronik – von den neuesten Kameras bis zum größten Fernseher, leisesten Staubsauger, angenehmsten Nasenhaartrimmer. Hier gibt es einfach alles. Die Hauptfiliale dieser Kette steht in Ikebukuro direkt nördlich des Bahnhofs. *Tgl. 10–22 Uhr |1-41-5 Higashi-Ikebukuro | 1-41-4 東池袋 | Toshima-ku | 豊島区 | S-Bahn, U-Bahn TJ01, SI01, M25, Y09, F09 Ikebukuro | Ikebukuro | 0*

Alles so schön bunt hier: Auf Flohmärkten findest du kleine Schätze wie diese Püppchen

LAOX AKIHABARA MAIN STORE (ラオックス 秋葉原本店)

Hier findest du die größte Auswahl an zollfreier Elektronikware. Neben dem Laox Main Store gibt es noch den Laox Sound Shop und die Läden Laox Computerkan I und II, dazu den Laox Musical Instrument Shop. *Tgl. 9–19 Uhr | 1-2-9 Soto-Kanda | 1-2-9 外神田 | Chiyoda-ku | 千代田区 | S-Bahn Sobu Akihabara | U-Bahn H 15 Akihabara | Akihabara | P4*

YODOBASHI CAMERA (ヨドバシ　カメラ) ★

Weltgrößtes Kamerageschäft, mit Hauptsitz in Shinjuku. Hier gibt's alles und immer das Neueste. Ältere Modelle sind im Ausland manchmal billiger. Yodobashi führt auch Haushaltswaren, Mobiltelefone und Computer. *Tgl. 9.30–22 Uhr | 1-11-1 Nishi-Shinjuku | 1-11-1 西新宿 | Shinjuku-ku | 新宿区 | U-Bahn M 08 Shinjuku | S-Bahn Yamanote Shinjuku | Shinjuku | E5*

ANIME & CO.

MANDARAKE NAKANO (まんだらけ中野店)

Vier Etagen voller Mangas, Cosplay-Utensilien, Bastelsachen, Spielzeug usw. – Spielzeug-, Manga-, Anime- und Bastelfans finden hier ihr Paradies. Dutzende Läden reihen sich hier aneinander in einem sehr stilvollen, da schon etwas älteren Kaufhaus, dem Nakano Broadway. *Mandarake Hen'ya* im 4. Stock lockt mit einem Mini-Schreintor die Besucher in eine Welt voller „Kankyara" – Firmenmaskottchen, die zum Teil noch von der Vorkriegszeit stammen und zwischen ein dutzend und ein paar Tausend Euro kosten können. Könnte genauso gut als Nostalgiemuseum durchgehen... *Tgl. 12–20 Uhr | 5-52-15 Nakano | 5-52-15 中野 | Nakano-ku | 中野区 | mandarake.co.jp/dir/nkn/index-en.html | S-Bahn Chuo-Linie, U-Bahn T01 Nakano | Nakano | A2*

INSIDER-TIPP
Beutejagd für (N)Ostalgiker

FLOHMÄRKTE

Aktuelle Termine weiß das *Tourist Information Center (TIC) (Tel. 03 32 01 33 31).*

HANAZONO-SCHREIN (花園神社) ★

Hier kannst du stundenlang zwischen den bunten Ständen herumbummeln, nach kleinen Schätzen suchen – und viele Einheimische treffen. *So von Sonnenaufgang bis nachmittags (nicht bei Regen!) | 5-17-3 Shinjuku | 5-17-3* 新宿 | *Shinjuku-ku* | 新宿区 | *U-Bahn M 09 Shinjuku-sanchōme | Shinjuku | F5*

OEDO ANTIQUE MARKET (大江戸骨董市)

Einen der größten Outdoor-Flohmärkte in Japan mit rund 250 Läden findest du im *Tokyo International Forum*. Ein gutes Auge ist gefragt – denn die zentrale Lage sorgt für ordentliche Preise. *Meistens 1. und 3. So im Monat 9–16 Uhr | 3-5-1 Marunouchi | 3-5-1* 丸の内 | *Chiyoda-ku* | 千代田区 | *antique-market.jp/english | S-Bahn Yamanote Yūrakuchō | U-Bahn Y 18 Yūrakuchō | U-Bahn C 09, H 07 Yūrakuchō Hibiya | Ginza/Hibiya | O7*

GALERIEN

DESIGN FESTA GALLERY (デザイン フェスタ ギャラリー)

Kreativen jungen Künstlern wird hier ein Forum zur Präsentation geboten. Nach dem Galeriebesuch kannst du dich im Minigärtchen ausruhen. *Tgl. 11–20 Uhr | 3-20-18 Jingūmae | 3-20-18* 神宮前 | *Shibuya-ku* | 渋谷区 | *designfestagallery.com/en | U-Bahn C 03, F 15 Meiji-jingūmae | Harajuku | F8*

SPIRAL (スパイラル)

In dem architektonisch interessanten Gebäude führt eine Treppe vom Restaurant im Erdgeschoss in großen Spiralen zu den Ausstellungsräumen, in denen es um Kunst, Film, Mode und Musik geht. *Tgl. 11–20 Uhr | 5-6-23 Minami-Aoyama | 5-6-23* 南青山 | *Minato-ku* | 港区 | *U-Bahn Z 02, G 02 Omotesandō | Aoyama | G9*

TOKYO PHOTOGRAPHIC ART MUSEUM (東京都写真美術館)

Für alle Liebhaber der Fotografie lohnt der Besuch dieses neuen Museums, abgerundet vielleicht durch einen Spaziergang durch den Yebisu-Garden-Komplex mit vielen Cafés und Restaurants. *Di–So 10–18, Do/Fr bis 20 Uhr | Eintrittspreis variiert | Yebisu Garden Place | 1-13-3 Mita | 1-13-3* 三田 | *Meguro-ku* | 目黒区 | *topmuseum.jp/e/contents/index.html | U-Bahn H 02 Ebisu | S-Bahn Yamanote Ebisu | Ebisu | G12*

KAUFHÄUSER

Japanische *depātos* sind exquisite Konsumtempel. Selbst die Verpackung aus diesen Häusern hat Prestigewert. Zu Geschäftsbeginn stehen die Angestellten Spalier, schmettern den Kunden ein fröhliches *Irasshaimase!* – Willkommen! – entgegen und verbeugen sich in präzisem Winkel. Nur der rote Teppich fehlt noch. Kaufhäuser sind bis auf wenige Tage im Jahr zwischen 10 oder 11 und 19.30 oder 21 Uhr geöffnet. Liegt die Kaufsumme pro Tag und Kaufhaus über 10 000 Yen zuzüglich Mehrwertsteuer (Lebensmittel oder Ähnliches sind ausgenommen), kann man die Mehrwertsteuer bereits am Kauftag wieder zurückerhalten. Deshalb: Reisepass mitbringen!

COREDO MURAMACHI (コレド室町) ★

Hat die handzurrende Begleitung mal wieder keine Lust auf einen Einkaufsbummel? Dieses Kaufhaus im edlen Nihombashi-Bezirk begeistert mit elegantem Design selbst eingefleischte Shoppingmuffel. I-Tüpfelchen: die Edo-Zeit inspirierte hübsche Ladenstraße mit Kunsthandwerk und lokalen Delikatessen zwischen zwei Gebäudeteilen. *Tgl. 10–21 Uhr | 2-2-1 Nihonbashi Muromachi | 2-2-1* **銀座日本橋室町** | *Chūō-ku* | **中央区** | *U-Bahn G12/Z09 Mitsukoshi-Mae* | *Ginza/Hibiya* | *P6*

ISETAN (伊勢丹)

Zum Sortiment gehört auch Mode aufstrebender japanischer Designer zu verträglichen Preisen. Einen Besuch wert ist auch die kleine, aber feine Abteilung für japanisches Kunsthandwerk sowie die obligatorische „Fressmeile" im Kellergeschoss 1 (B1), wo man auch viele feine Sachen kostenlos probieren kann. *3-14-1 Shinjuku | 3-14-1* **新宿** | *Shinjuku-ku* | **新宿区** | *U-Bahn M 09 Shinjuku-sanchōme* | *Shinjuku* | *F5*

MARUI (丸井マルイ)

In drei Gebäuden – eins speziell für Männermode – findest du alles, was im Bereich Fashion angesagt ist, zudem witzige Accessoires und schöne Haushaltsartikel. Sehr günstige Schlussverkaufsaktionen im Februar und Juli. *3-30-13 Shinjuku | 3-30-13* **新宿** | *Shinjuku-ku* | **新宿区** | *U-Bahn M 09 Shinjuku-sanchōme* | *Shinjuku* | *F5*

MEGA DON QUIJOTE SHIBUYA (MEGAドン・キホーテ渋谷店)

Don Quijote, gern kurz „Donkey" genannt, begann mit dem Verkauf von Scherzartikeln, doch nun verkauft man dort einfach alles. Das Problem: Man findet dort immer etwas, selbst wenn man dachte, es nie gesucht zu haben, so auch das eine oder andere ausgefallene Souvenir. Bei den Preisen sollte man aber keine hochwertigsten Waren erwarten. *Tgl. rund um die Uhr geöffnet | 28-6 Udagawacho | 28-6* **宇田川町** | *Shibuya-ku* | **渋谷区** | *S-Bahn Yamanote Shinjuku | U-Bahn M 08, E 01 Shinjuku* | *Shibuya* | *E10*

MITSUKOSHI (三越)

1673 gegründet, ist das Mitsukoshi das Flaggschiff unter den Tokioter Kaufhäusern, beliebt vor allem bei etwas betagterer Kundschaft. Die Kimono-Abteilung ist eine Augenweide, spektakulär ist auch die Willkommenszeremonie um 10.30 Uhr im Stammhaus. *1-4-1 Nihombashi Muromachi | 1-4-1* **丸の内日本橋室町** | *Chūō-ku* | **中央区** | *U-Bahn Z 09, G 12 Mitsukoshimae* | *Ginza/Hibiya* | *P6*

TAKASHIMAYA (高島屋)

Gegründet in der späten Edo-Ära, ist das Haus mit seiner großen Kimono-Auswahl und erlesenen Antiquitäten ebenfalls der Tradition verpflichtet. *2-4-1 Nihombashi | 2-4-1* 日本橋 *| Chūō-ku |* 中央区 *| U-Bahn G 11, T 10, A 13 Nihombashi | Ginza/Hibiya | P7*

TAKASHIMAYA TIMES SQUARE (タカシマヤ タイムズ スクエア)

Das jüngste Haus der traditionellen Kaufhauskette besteht aus zwei durch überdachte Brücken miteinander verbundenen Gebäudekomplexen. Im 12. bis 14. Stockwerk gibt es eine breite Palette an sehr guten Restaurants mit Gerichten aus aller Welt, einige mit Zugang zum Dachgarten. Eine besondere Augen- und Gaumenweide ist die *Food Hall* – hier gibt's alles: von delikaten japanischen Häppchen bis deftigen europäischen Spezialitäten. *5-24-2 Sendagaya | 5-24-2* 千駄ヶ谷 *| Shibuya-ku |* 渋谷区 *| S-Bahn Yamanote Shinjuku | U-Bahn M 08, E 01 Shinjuku | Shinjuku | F6*

KIMONOS

Ein neuer Seidenkimono kostet wenigstens 3500 Euro – Gürtel *(obi)*, Unterkleider usw. kommen noch hinzu. Secondhandkimonos erhält man mit etwas Glück schon ab 40 Euro. Noch preiswerter sind Baumwollkimonos *(yukata)*, die sich vorzüglich als leichter Hausmantel eignen. Du bist fasziniert von Kimonos? Eine deutsche Kimono-Expertin organisiert persönliche Touren in Kimonos inklusive Fotoshooting für ein ganz besonderes Japanerlebnis. Mehr auf *salz-tokyo.com/kimono-experience-tours-workshops*

Mitsukoshi: altehrwürdiges Flaggschiff unter den Kaufhäusern in Tokio

INSIDER-TIPP
Tokio im Kimono erleben

CHICAGO (シカゴ)

Der Secondhandladen mit Mode für junge Leute führt auch eine große Auswahl an preisgünstigen Kimonos und Yukatas. *Tgl. 11–20 Uhr | Olympia Annex Building B1 | 6-31-21 Jingūmae | 6-31-21* 神宮前 *| Shibuya-ku |* 渋谷区 *| U-Bahn C 03 Meijijingūmae | Harajuku | F9*

KUNSTHANDWERK & INTERIEUR

2K540 AKI-OKA ARTISAN (2K540店)

Das Künstlerdorf mit dem schrägen Namen befindet sich direkt unter den Gleisen der Yamanote-Linie. Eine coole kleine Ladenstraße, in der wunderschönes Kunsthandwerk verkauft wird: aus Leder, Holz, Lack und Keramik. Und zwar nicht traditionell-gediegen, sondern alles mit modernem Touch! *Je nach Geschäft, meist Do–Di 11–19 Uhr | 5-9-22 Ueno | 5-9-22* 上野 | *Taitō-ku* | 台東区 | *jrtk.jp/2k540* | *U-Bahn G 14 Suehirocho* | *S-Bahn Okachimachi* | *Akihabara* | *P3*

BINGOYA (備後屋)

Die Nummer eins für authentische japanische Volkskunst bietet auf fünf Stockwerken Nützliches und Schönes aus Keramik, Stoff oder Bambus: Textilien, Glaswaren oder handgeschöpftes Papier. *Di–So 10–19 Uhr, am 3. Wochenende im Monat geschl.* | *10-6 Wakamatsucho* | *10-6* 若松町 | *Shinjuku-ku* | 新宿区 | *U-Bahn E 03 Wakamatsu-Kawada* | *Shinjuku* | *H4*

HARA SHOBŌ (原書房) ★

Große Auswahl an japanischen Farbholzschnitten des 17. bis 20. Jh. und an modernen Drucken. Du suchst etwas ganz Bestimmtes? Kein Problem: Das Personal spricht Englisch. *Di–Sa 10–18 Uhr* | *2-3 Kanda Jimbōchō* | *2-3* 神保町 | *Chiyoda-ku* | 千代田区 | *harashobo.com/english* | *U-Bahn Z 07, I 10, S 06 Jimbōchō* | *Jimbōchō* | *N4*

ITŌYA (伊東屋) ★

Seit 1904 eine Institution: In zwei Gebäuden auf insgesamt 19 Stockwerke

Kunsthandwerk mit modernem Touch im Künstlerdorf 2k540 Aki-Oka Artisan

verteilt, findest du hier eine riesige Auswahl an wunderschönem *Washi*-Papier, zudem Kalligrafiepinsel samt Tusche, kleine Lederwaren oder ausgefallene Taschenplaner. Schreibwarenfans können hier ganz locker einen Tag drin verbringen. *Mo–Sa 10–20, So bis 19 Uhr | 2-7-15 Ginza | 2-7-15 銀座 | Chūō-ku | 中央区 | U-Bahn G 09, M 16 Ginza | Ginza/Hibiya | 📖 O8*

JAPAN SWORD (日本刀剣)

Manches alte Samuraischwert erzielt hier über 10 000 Euro, das Vierzigfache eines neuen. Auch Samuraihelme sind im Angebot. *Mo–Fr 9.30–18 Uhr, Sa 9.30–17 Uhr | 3-8-1 Toranomon | 3-8-1 虎ノ門 | Minato-ku | 港区 | japansword.co.jp/js-e.html | U-Bahn G 07 Toranomon | Toranomon | 📖 M9*

JAPAN TRADITIONAL CRAFTS AOYAMA SQUARE (伝統工芸 青山スクエア)

Läden, die japanisches Kunsthandwerk verkaufen, gibt es viele. Dieser Laden hat jedoch (fast) alles und ist damit ideal für die effiziente Souvenirjagd. Lackwaren, Keramik, Stoffe, Figuren, Glas, Papier und vieles mehr – und zwar aus dem ganzen Land, von sehr preiswert bis sehr teuer. Hier gibt es auch die beliebten, runden Daruma-Figuren. Daruma-Figuren haben beim Kauf keine Augen. Verlief das Jahr gut, malt man beide Augen an, doch wenn nicht, nur eins – die Darumapuppe wird dann zu Neujahr verbrannt. *Tgl. 11–19 Uhr | 8-1-22 Akasaka 1F | 8-1-22 赤坂 | Minato-ku | 港区 | U-Bahn G04, Z03 Aoyama Itchōme | Aoyama | 📖 J8*

INSIDER-TIPP
Die Augen der Daruma

KYŪKYODŌ (鳩居堂)

Japanisches *Washi*-Papier mit Ornamenten wird hier als Dekoration, Geschenkpapier oder Grußkarte offeriert. Zudem erlesenstes Kalligrafiepapier, mit Goldpuder bestäubt (rund 150 Euro pro Blatt!) sowie Pinsel und Tuschsteine. Im ersten Stock findest du exquisite Duftöle, Räucherstäbchen und andere die Nase betörende Objekte. 1663 in Kyoto gegründet und 1880 nach Tokio umgezogen, gehört der frühere Weihrauchlieferant des Kaiserhauses zu den Traditionsbewahrern in der Ginza. *Mo–Sa 10–19, So und Fei 11–19 Uhr | 5-7-4 Ginza | 5-7-4 銀座 | Chūō-ku | 中央区 | U-Bahn G 09, M 16 Ginza | Ginza/Hibiya | 📖 O8*

SOME-NO-ANBŌ ASAKUSA-TEN (染の安坊 浅草本店)

Dieser feine Laden ist auf Vorhänge und andere, traditionell gefärbte japanische Textilien spezialisiert. *Fr–Di 10.30–19 Uhr | 1-21-12 Asakusa | 1-21-11 浅草 | Taitō-ku | 台東区 | anbo.jp | U-Bahn G 19, A 18 Asakusa | Asakusa | 📖 S2*

TANAGOKORO (掌)

Minimalistisch, organisch und wirksam: Das einzige Element, das es in diesem Geschäft gibt, ist Kohle *(binchotan)*. Die aufwendig aus Eichenholz gewonnene Kohle ersetzt Raumspray oder Wasserfilter. Im dritten Stock kannst du dich an exquisitem Tee mit Häppchen laben, im Keller wird edler Whiskey eingeschenkt. *Mo–Fr 11–20, Sa/So 11–19 Uhr | 1-8-15 Ginza | 1-8-15 銀座 | Chūō-ku | 中央区 | U-Bahn Y 19 Ginza-Itchome | Ginza/Hibiya | N O8*

MODE

FROM 1ST (フロム　ファースト) ★

Ein Haus mit Geschichte: Hier eröffneten Japans Modegurus Issey Miyake, Rei Kawakubo und Yohji Yamamoto ihre ersten Boutiquen. Heute prägen Nachwuchsdesigner die Szene. *Geschäftszeiten je nach Boutique unterschiedlich | 5-3-10 Minami-Aoyama | 5-3-10 南青山 | Minato-ku | 港区 | U-Bahn C 04, G 02, Z 02 Omotesandō | Aoyama | G10*

JÜRGEN LEHL (ヨーガンレール)

Der deutsche Modedesigner Jürgen Lehl hat sich in Japan seit 1971 mit seinen zeitlos-schönen Damen- und Herrenkollektionen einen Namen gemacht. *Tgl. 11–20 Uhr | Shin Kokusai Building 1F | 3-4-1 Marunouchi | 3-4-1 丸の内 | Chiyoda-ku | 千代田区 | U-Bahn Y 18, H 07 Yūrakuchō | Ginza/Hibiya | N8*

LAFORET HARAJUKU (ラフォーレ原宿)

Bei jungen, modebewussten Japanern beliebtes Fashion-Kaufhaus. Viele coole Shops von etablierten, aber auch neuen Modelabels. *Tgl. 11–21 Uhr | 1-11-6 Jingūmae | 1-11-6 神宮前 | Shibuya-ku | 渋谷区 | U-Bahn C 03, F 15 Meiji-jingūmae | Harajuku | F9*

MAISON KITSUNÉ DAIKANYAMA (メゾンキツネ代官山店)

Paris meets Tokyo. Wunderschöne, zweistöckige Boutique des französisch-japanischen Modelabels mit deutlichen Anleihen lokaler Modeelemente. Für Frauen und Männer. Das Personal spricht sogar Englisch. *Tgl. 11–20 Uhr | 20-14 Sarugakucho | 20-14 猿楽町 | Shibuya-ku | 渋谷区 | S-Bahn TY02 Daikanyama | Daikanyama | F12*

PARCO (パルコ)

Junge und innovative Mode in rund 150 Boutiquen. Das beliebte Kaufhaus hat 2019 nach drei Jahren Bauzeit endlich wieder seine Pforten geöffnet – in einem gewagten Neubau. Parco lockt auch wegen günstiger Mittagslokale. Die Hälfte des 6. Stockwerkes sind vom einzigen Nintendo-Store Japans und dem *Pokemon Center* vereinnahmt. Achtung: Teilweise kommt man nur mit Voranmeldung und/oder Lotteriesystem rein! *Tgl. 10–21 Uhr | 15-1 Udagawa-cho | 15-1 宇田川町 | Shibuya-ku | 渋谷区 | U-Bahn G 01, Z 01, F 16 Shibuya | S-Bahn Yamanote Shibuya | Shibuya | E10*

RINKAN SHIBUYA (RINKAN 渋谷店)

Die Secondhand-Modekette hat mehrere Niederlassungen in Japan, dies ist der Flagship Store. Von Gucci über Prada bis Hermes – hier gibt's die richtig guten Sachen aus zweiter Hand. Der *Archive Store* im Keller der Rinkan-Boutique ist ein wahres Museum

INSIDER-TIPP
Haute couture hautnah

Nicht einfach vorbeilaufen! Bei Uniqlo findet jeder ein schickes Teil

bahnbrechenden Modedesigns, ausgefallen aber würdevoll präsentiert und selbst für Laien sehr beeindruckend. *Tgl. 12–20 Uhr | Wako Building B1 | 1-12-16 Jinnan | 1-12-16 神南 | Shibuya-ku | 渋谷区 | U-Bahn G 01, Z 01, F 16 Shibuya | S-Bahn Yamanote Shibuya | Shibuya | E10*

SHIBUYA 109 (渋谷109)

Rund 100 Teenie-Boutiquen mit dem absolut neuesten Schrei: Das 109 ist das Epizentrum junger japanischer Mode. *Tgl. 10–21 Uhr | 2-29-1 Dogenzaka | 2-29-1 道玄坂 | Shibuya-ku | 渋谷区 | U-Bahn G 01, Z 01, F 16 Shibuya | S-Bahn Yamanote Shibuya | Shibuya | E10*

UNIQLO (ユニクロ)

Schick, preiswert und dennoch ausgezeichnete Qualität – Uniqlo hat sich als Modemarke etabliert. Der neue, zwölfstöckige Flagship-Store in der Ginza ist ein echtes Einkaufserlebnis. Es gibt eigene Tax-Free-Kassen, viele Mitarbeiter sind mehrsprachig. Und: Uniqlo ist in Japan wesentlich günstiger als anderswo. Japaner sind Frostbeulen, dass muss man einfach mal sagen. Deshalb sind sie in Sachen warmer Kleidung sehr innovativ. Besonders beliebt, da sehr leicht und wirksam, sind Heattech-Sachen, ein praktisches Souvenir für die „sibirische" Heimat. *Tgl. 11–21 Uhr | 6-9-5 Ginza | 6-9-5 銀座 | Chūō-ku | 中央区 | U-Bahn G 09, M 16 Ginza | Ginza/Hibiya | O8*

INSIDER-TIPP
Von Frostbeulen lernen

PERLEN

MIKIMOTO (ミキモト) ★

Mikimoto ist mit Abstand der edelste Perlenladen der Stadt. Der berühmte Name bürgt für erstklassige Qualität – und die hat ihren Preis. Gründervater Kōkichi Mikimoto gelang es 1893 erstmals, Perlen zu züchten. *Tgl. 11–20 Uhr | 2-4-12 Ginza | 2-4-12 銀座 | Chūō-ku | 中央区 | mikimoto.com/en | U-Bahn G 09, M 16 Ginza | Ginza/Hibiya | O8*

AUSGEHEN & FEIERN

Tokio lebt nachts nicht nur von den Spesenkonten der Geschäftsleute. Studierende und junge Angestellte mischen mit. Du möchtest die Nacht zum Tag machen? Dann bist du in Japans Hauptstadt genau richtig. All die uniform gekleideten Angestellten, die morgens mit starrem Blick zur Arbeit eilen, verstehen es, nach Büroschluss zu feiern.

Auch die große Gemeinde in Tokio lebender Ausländer ist aus dem Nachtleben nicht wegzudenken. Allerdings gehört man als Ausländer nicht überall dazu. Hier und da gilt sogar: *Japanese only.* Das

Lampion-beleuchtete *Izakaya*-Kneipen im Rotlichtviertel

sollte man dann einfach hinnehmen. Internationalität und Lokalkolorit prägen das abendliche Unterhaltungsangebot: von traditionellen Kabuki- und Noh-Aufführungen über Popkonzerte bis hin zu Klassischem mit weltbekannten Interpreten. Jazzkeller und Clubs bietet Tokio ebenso wie unzählige Orte zum Karaokesingen. Auch bekannte britische und US-amerikanische Bands treten häufig in kleinen Hallen auf *(tokyogigguide.com)*. Wer's gemütlich liebt, den locken unzählige Kneipen und Bars.

WO TOKIO AUSGEHT

MARCO POLO HIGHLIGHTS

★ **AGEHA**
Riesentanzflächen, mehrere Bars und VIP-Räume, super Sound und sogar ein Pool: Der Megaclub ist megagut ➤ S. 99

★ **ABBEY ROAD**
Für Fans der legendären Pilzköpfe: Die Beatles-Kopien sind teilweise fast besser als das Original ➤ S. 101

★ **BLUE NOTE TOKYO**
Noch eine richtig gute Kopie, und zwar des New Yorker Jazzclubs Blue Note: Jazz vom Feinsten ➤ S. 102

★ **LIQUID ROOM**
Livemusik japanischer und internationaler Indiebands im Club, der weder zu klein noch zu groß ist ➤ S. 102

★ **NATIONALTHEATER**
Für Freunde der klassischen japanischen Künste: von traditioneller Musik und Tanz bis Kabukitheater ➤ S. 103

GINZA & SHIMBASHI

Völlig andere Atmosphäre: Hier feiern die Geschäftsleute und die High-Society

WOHIN ZUERST?

Tokio hat viele Ausgehviertel: Unzählige Bars und die meisten Ausländer findest du im Sündenbabel **Roppongi**. Twens und Junggebliebene mischen sich unter die Szene in den vielen Clubs von **Shibuya** und **Ebisu**. Japanische Angestellte fühlen sich in den Kneipenvierteln von **Akasaka** und **Shimbashi** wohl. Im Rotlichtdistrikt **Kabukichō** in Shinjuku reihen sich Stripteasebars aneinander, und direkt daneben hat die LGBT-Szene in **Shinjuku 2-chome** ihr Zuhause.

BARS

GODZ (ロックバーGODZ)

Genug von weichgespülter Fahrstuhlmusik? Im GODZ gibt es was auf die Ohren: Hier ist Heavy Metal angesagt. Und das Schöne ist: Die Besucher bestimmen die Musik selbst. Eng, dunkel, familiär – und das mitten in Shinjukus Rotlichtviertel. *Tgl. 19–5 Uhr | 1–10-5 Kabukichō | 1–10-5 歌舞伎町 | Shinjuku-ku | 新宿区 | metal-godz.com | U-Bahn M 08 Shinjuku | S-Bahn Yamanote Shinjuku | Shinjuku | 🕮 F5*

HARD ROCK CAFE (ハードロックカフェ)

Für alle, die noch wissen, wer Jimi Hendrix ist. Das *Hard Rock Cafe* hält auch im hippen Tokio seit 1983 an guter alter Rockmusik fest. *So–Do 11.30–2, Fr/Sa 11.30–4 Uhr | 5-4-20 Roppongi | 5-4-20 六本木 | Minato-ku | 港区 | hardrock.com/location/tokyo-roppongi | U-Bahn H 04, E 23 Roppongi | Roppongi | 🕮 K10*

SHOTBAR PROPAGANDA (プロパガンダ)

Beliebter Hangout für Ausländer, der oft schon zur Happy Hour gut besucht ist. Es läuft Techno, Dancehall & Co. Keine *cover charge* (Gedeckgebühr). *Mo/Di 19–4, Mi–Sa 19–5 Uhr | Yua Roppongi Bldg. 2F | 3-14-9 Roppongi | 3-14-9 六本木 | Minato-ku | 港区 | propaganda-tokyo.com/english | U-Bahn H 04, E 23 Roppongi | Roppongi | 🕮 K10*

STEHBAR BURI (立喰酒場 BURI)

Rund um den Bahnhof Ebisu wimmelt es nur so vor Bars – und *buri* ist einer der ersten Vertreter der Stehbars. Das Essen wird vor der Nase zubereitet, es gibt gutes Bier, Wein und Sake. Klein und beliebt – komm mit wenig Begleitung. *Tgl. 17–5 Uhr | 1-14-1 Ebisu-Nishi | 1-14-1 恵比寿西 | Shibuya-ku | 渋谷区 | U-Bahn H 02 Ebisu | S-Bahn Yamanote Ebisu | Ebisu | 🕮 G12*

GINZA THREE HUNDRED BAR 5 CHOME (銀座 300 BAR 5丁目店)

In dieser kleinen Stehbar mitten in der Ginza treffen sich Sekretärinnen und junge Angestellte, bevor sie zum Dinner weiterziehen. Nomen est omen: Alle Drinks kosten 300 Yen plus Mehrwertsteuer. Zwei Getränkecoupons muss man mindestens kaufen, bei zehn gibt es einen Freidrink. *Mo–Fr 17–2, Sa/So 14–24 Uhr | 5-9-11 Ginza | 5-9-11 銀座 | Chūō-ku | 中央区 | 300bar.com/en | U-Bahn G 09, M 16, H 08 Ginza | Ginza/Hibiya | 🕮 O8*

BIERHALLEN

Gemütlichkeit auf Japanisch. Der Bierkonsum ist beträchtlich – vor allem im Sommer, wenn auch gediegene Kaufhäuser auf ihren Dächern Biergärten einrichten, in denen es ausgelassen zugeht, etwa das *Tokyu Honten* in Shibuya. Absolut einen Besuch wert! In Japan ist Druckbetankung sehr popular: Wer ordentlich Durst hat, hält nach „nomihōdai" – all you can drink – Ausschau. Allerdings wird hier gelegentlich geschummelt, zum Beispiel kann hier die Bedienung etwas länger dauern. Doch Vorsicht: Zwischen 0.30 und 4.30 Uhr fahren keine Züge, und die letzten Züge sind knackend voll.

INSIDER-TIPP
Durstig?

KIRIN CITY (キリンシティ)

Hier kannst du ein gepflegtes Bier in entspannter Atmosphäre trinken. Es gibt rund 25 dieser Trinkhallen in Tokio, etwa in Shibuya: *Mo–Sa 12–23.30, So 12–23 Uhr | Matsubara Building 1F | 2-25-13 Dogenzaka Shibuya | 2-25-13* 道玄坂 *| Shibuya-ku |* 渋谷 *| U-Bahn G 01, M 16, F 16 Shibuya | S-Bahn Yamanote Shibuya | Shibuya | E10*

LION (ビヤホールライオン 銀座七丁目店)

Eine der ältesten Bierhallen Tokios: Hier wird seit 1934 ausgeschenkt. Ein Besuch lohnt wegen der ausgelassenen, hemdsärmeligen Atmosphäre, weniger wegen des Essens. *Mo–Sa 11.30–23, So/Fei 11.30–22.30 Uhr | 7-9-20 Ginza | 7-9-20* 銀座 *| Chūō-ku |* 中央区 *| U-Bahn G 09, M 16 Ginza | Ginza/Hibiya | O8*

Lust auf ein kühles Blondes? Gibt's in jeder Bar!

DISKOS & CLUBS

AGEHA (アゲハ) ★

Einer der größten Clubs Asiens. Die Haupttanzfläche bietet über 2000 Leuten Platz, mit extrem guter Sound- und Lichtanlage. Auf drei weiteren Tanzflächen, vier Bars, drei VIP-Räumen und im Pool geht die Post ab. Einziger Nachteil: Die Clubperle liegt etwas abseits vom Zentrum. Kostenlose Shuttlebusse fahren ab Shibuya ab 23 Uhr. Platzkarten gibt es am Bus, genaue Infos unter *ageha.com* (Schedule bzw. Access anklicken!). *2-2-10 Shinkiba | 2-2-10* 新木場 *| Koto-ku |* 江東区 *| U-Bahn Y 24 Shinkiba | Shinkiba | e2*

CONTACT (コンタクト)
Die Betreiber des inzwischen geschlossenen Kultclubs *Air* – bekannt aus dem Film „Lost In Translation" – haben ihr Erfolgsrezept neu aufgelegt. Events mit internationalen DJs, Mindestalter 20, ID-Check! *Wechselnde Öffnungszeiten | Shin-Taiso Building 4 B2 |* 新大宗ビル4号館 *B2 | 2-10-12 Dogenzaka | 2-10-12* 道玄坂 *| Shibuya-ku |* 渋谷区 *| contacttokyo.com | U-Bahn G 01, Z 01, F 16 Shibuya | S-Bahn Yamanote Shibuya | Shibuya | 🕮 E10*

DJ BAR BRIDGE (ディジェイ バー ブリジ)
Mischung aus schicker Bar und Club für Fans von tanzbarer Musik und Cocktailliebhaber. Dazu ein Wahnsinnsblick auf die berühmte Shibuya-Kreuzung! *Mo–Sa 20–5, So 18–24 Uhr | Eintritt 1000 Yen | Park Side Kyōdō Building 10F |* 渋谷パークサイド共同ビル*10F | 1-25-6 Shibuya | 1-25-6* 渋谷 *| Shibuya-ku |* 渋谷区 *| bridge-shibuya.com | U-Bahn G 01, Z 01, F 16 Shibuya | S-Bahn Yamanote Shibuya | Shibuya | 🕮 F10*

SOUND MUSEUM VISION (サウンド　ミュージアム ビジョン)
In vier Räumen tobt das meist junge Publikum zu Rock bis Techno, super Soundanlage. ID-Check bei einigen Veranstaltungen. *Meist Fr/Sa 22 Uhr bis spät, an Wochentagen nur sporadisch | Eintritt variiert | 2-10-7 Dogenzaka | 2-10-7* 道玄坂 *| Shibuya-ku |* 渋谷区 *| vision-tokyo.com | U-Bahn G 01, Z 01, F 16 Shibuya | S-Bahn Yamanote Shibuya | Shibuya | 🕮 E10*

WOMB (ウーム)
Ein super Club fürs Wochenende: klasse DJs auf mehreren Floors, tolle Licht- und Lasershow. Wochentags ist oft nur eine Tanzfläche offen. Eintritt und Programm wechseln! *2-16 Maruyama-cho | 2-16* 円山町 *| Shibuya-ku |* 渋谷区 *| womb.co.jp/en | U-Bahn G 01, Z 01, F 16 Shibuya | S-Bahn Yamanote Shibuya | Shibuya | 🕮 E10*

KARAOKE

Die Ketten *Big Echo*, *Karaokekan* und *Shidax* haben zahlreiche Filialen und bieten eine großzügige Auswahl an englischen Songs.

KARAOKE PASELA ROPPONGI (カラオケパセラ六本木店) ☂
Hier trällert man in Karaokesuiten im Designerlook. Mit Fernbedienung werden die Songs – englische und sogar deutsche – abgerufen. *Mo–Sa 17–5, So 12–24 Uhr | Miete je nach Raumgröße und Tageszeit | 5-16-3 Roppongi | 5-16-3* 六本木 *| Minato-ku |* 港区 *| Tel. 0120 91 10 86 | U-Bahn H 04, E 23 Roppongi | Roppongi | 🕮 K10*

ESSEN MIT SHOW

ROBOT RESTAURANT (ロボットレストラン)
Neon, Stahl, laute Musik, exotische Kostüme – das alles gibt es hier zuhauf, zusammengesetzt in einer Hyperspeed-Show mit Adrenalingarantie. Die Performance ist nichts für ein romantisches tête-à-tête, sondern eher was für Leute mit einem Sinn fürs Abenteuerliche. Eine Warnung jedoch vorneweg:

Von außen unscheinbar, drinnen geht die Post ab: Karaokebar in Shibuya

Das gebotene Essen ist unterirdisch, du solltest wirklich nur wegen der Show *(tgl. 15.30, 17.30, 19.30 und 21.30 Uhr)* hingehen. Reservierungspflichtig (8000 Yen p. P.), aber es gibt diverse Rabatte. Mehr, inkl. Reservierung, unter *shinjuku-robot.com/pc. 1–7-7 Kabukichō | 1–7-7* 歌舞伎 *| Shinjuku-ku |* 新宿区 *| Tel. 03 32 00 55 00 | U-Bahn M 08 Shinjuku | S-Bahn Yamanote Shinjuku | Shinjuku | ◫ F5*

KULTURTEMPEL

BUNKAMURA (文化村)

In diesem massiven Kulturkomplex mit Museum, Galerie und Programmkino bietet das Theater *Cocoon* erstklassige Konzerte, Musicals und Ballettaufführungen. Die Galerie zeigt wechselnde Ausstellungen, von flämischen Meistern bis zu japanischer Kunst der Gegenwart. Im Atrium gibt es zudem ein französisches Café. Im *Programmkino* im 6. Stock laufen zumeist europäische Filme, oft in Originalsprache mit Untertiteln oder auf Englisch. Am Dienstag und Sonntagabend kosten die Tickets nur 1400 Yen. *2–24-1 Dogenzaka | 2–24-1* 道玄坂 *| Shibuya-ku |* 渋谷区 *| Tel. 03 34 77 91 11 | bunkamura.co.jp/english | U-Bahn G 01, Z 01, F 16 Shibuya | S-Bahn Yamanote Shibuya | Shibuya | ◫ E10*

LIVEMUSIK

ABBEY ROAD (アビーロード) ★

Die besten Pilzkopf-Imitatoren der Stadt sind wohl die Parrots. Im Abbey Road spielen sie und andere Bands auch Nummern, die die Beatles nie im Liverepertoire hatten. Leider gibt es keine Tanzfläche. Mindestverzehr sind zwei Drinks oder ein Drink und ein Gericht. *Tgl. 18–23.30 Uhr | Eintritt ab 2300 Yen | Roppongi Building Annex B1 | 4–11-5 Roppongi | 4–11-5* 六本木 *| Minato-ku |* 港区 *| Tel. 03*

Der berühmte New Yorker Club stand Pate: Jazz vom Feinsten im Blue Note Tokyo

34 02 00 17 | *abbeyroad.ne.jp* | *U-Bahn H 04, E 23 Roppongi* | *Roppongi* | *K9*

BAUHAUS (バウハウス)

Eine großartige Coverband spielt mit viel Spaß und Hingabe Stadionrock von Deep Purple über Queen und Bon Jovi zu Guns N' Roses. Und wer will, rockt auf der Bühne mit! Saftiger Eintrittspreis (3800 Yen, enthält ein Getränk), aber die Band spielt mehrere Sets, und deine Lachmuskeln werden es dir danken. *Mo–Sa 19–1 Uhr* | *5-16-5 Roppongi* | *5-16-5* 六本木 | *Minato-ku* | 港区 | *rockbarbauhaus.com* | *U-Bahn H 04, E 23 Roppongi* | *Roppongi* | *J9–10*

BLUE NOTE TOKYO (ブルーノート　東京) ★

Dizzy Gillespie, Sarah Vaughan oder Sergio Mendez haben hier alle schon gespielt im fernöstlichen Ableger des legendären New Yorker Jazzclubs! Mehr als 200 Besucher gehen nicht hinein. Gut, aber teuer. *Unregelmäßig geschl., sonst Mo–Fr 17–24, live ab 19, Sa/So 15.30–23 Uhr* | *Eintritt ab 7000 Yen* | *Leica Building* | *6-3-16 Minami-Aoyama* | *6-3-16* 南青山 | *Minato-ku* | 港区 | *Tel. 03 54 85 00 88* | *bluenote.co.jp* | *U-Bahn G 02, C 04, Z 02 Omotesandō* | *Roppongi* | *H10*

LIQUID ROOM ★ **(リキッドルーム)**

Liveauftritte von international und lokal bekannten Indiebands und DJs. Schon vor Mitternacht ist Schluss! Der Eintritt kostet je nach Gig zwischen 0 bis über 10 000 Yen.

INSIDER-TIPP Hürde Ticketkauf

Karten für Konzerte wie im Liquid Room kannst du unter anderem bei *Ticket Pia (t.pia.jp)* vorbestellen – online oder in Convenience Stores. Schnell, praktisch und zuverlässig. Kostenlos kommst du in die populäre *Time Out Cafébar* über dem Livesaal. *3-16-6 Higashi* | *3-16-6* 東 | *Shibuya-ku* | 渋谷区 | *Tel. 03*

54 64 08 00 | liquidroom.net | U-Bahn H 02 Ebisu | S-Bahn Yamanote Ebisu | Ebisu | 🕮 G12

PIT-INN (ピットイン)

Jazzclub mit guter Musik und passablen Preisen. Mittags spielen Newcomer. *Tgl. 14.30–17 und 19.30–22.30 Uhr | Eintritt mittags ab 1300 (inkl. Getränk), abends ab 3000 Yen | Accord Building B1 | 2-12-4 Shinjuku | 2-12-4 新宿 | Shinjuku-ku | 新宿区 | Tel. 03 33 54 20 24 | pit-inn.com/index_e.html | U-Bahn M 09, S 02 Shinjuku-sanchōme | Shinjuku | 🕮 F5*

LOVE HOTELS

Wer mit Partner nach Tokio kommt, sollte sich das Vergnügen nicht entgehen lassen: *Kyūkei* („Pause"; ab 44 Euro für zwei Stunden) oder gar *tomari* (Übernachtung; ab 110 Euro) in einem der herrlich kitschigen Love Hotels. Es handelt sich wohlgemerkt nicht um Bordelle! Geboten wird nahezu jedes Ambiente vom Liebesnest mit Wasserbett bis zum Dschungelzimmer. *Shibuya (🕮 E10)* ist eine gute Adresse für den Anfang. Geh vom *109-Kaufhaus* die Dogenzaka bergauf, und biege nach ca. 200 m rechts ab. Die Hotels haben „Rest"- und „Stay"-Schilder.

TANZ & THEATER

KABUKI-ZA (歌舞伎座) ☂

Seit ein paar Jahren wird hier wieder die uralte Theaterform Kabuki gepflegt. Die Mehrakter mit Gesang, Pantomime und Tanz ziehen sich über einige Stunden hin. Zum Reinschnuppern fragst du am besten an der Tageskasse nach einer *Hitomaku-mi*, einer Karte für nur einen Akt – die Preise beginnen bei 500 Yen. *4-12-15 Ginza | 4-12-15 銀座 | Chūo-ku | 中央区 | kabukiweb.net/theatres/kabukiza | U-Bahn H 09, A 11 Higashi-Ginza | Ginza/Hibiya | 🕮 O8–9*

INSIDER-TIPP
Nur mal kurz gucken

NATIONALES NOHTHEATER (国立能劇場)

Erst in jüngster Zeit dürfen auch Frauen in dieser aus dem 8. Jh. stammenden Theaterform auf der Bühne agieren. Die Stücke haben oft mythologischen Bezug, die Aufführungen sind sehr formal, um nicht zu sagen: nicht ohne Weiteres verständlich. Hier kannst du ein Stück uralter japanischer Kulturgeschichte entdecken. *Wechselnde Anfangszeiten | Eintritt ab 1600 Yen | 4-18-1 Sendagaya | 4-18-1 千駄ヶ谷 | Shibuya-ku | 渋谷区 | Kartenvorverkauf Tel. (Englisch) 03 34 23 13 31 oder online | ntj.jac.go.jp/english | U-Bahn E 25 Kokuritsu-kyōgijō | S-Bahn Sobu Sendagaya | Shinjuku | 🕮 F–G7*

NATIONALTHEATER (国立劇場) ★

Aufführungen von Kabuki, Bunraku, klassischer japanischer Musik, klassischem und höfischem Tanz sowie von Priestergesängen. *Wechselnde Anfangszeiten | Eintritt ab 2800 Yen | 4-1 Hayabusa-chō | 4-1 隼町 | Chiyoda-ku | 千代田区 | Kartenbestellung Tel. 03 32 65 74 11 | ntj.jac.go.jp/english | U-Bahn Z 05 Hanzōmon | Hanzōmon | 🕮 L7*

AKTIV & ENTSPANNT

Selbst zur Kirschblüte findet sich noch ein ruhiges Plätzchen im Ueno-Park

SPORT, SPASS & WELLNESS

HEISSES BAD

Nach einem Tag Pflastertreten tut ein Bad im Sentō, dem Nachbarschaftsbadehaus, besonders gut. In diesen urjapanischen Stätten baden Männer und Frauen stets getrennt – und nackt. Sentōs dienen der Körperpflege und Entspannung, haben aber auch eine soziale und spirituelle Funktion. Das tägliche Bad ist Teil der japanischen Reinlichkeitskultur. Erst nach gründlichem Abschrubben außerhalb des Beckens darf man ins Wasser. Seife und Handtuch gibt es in der Regel gegen Gebühr.
Vorsicht: Die Temperatur von bis zu 45 Grad erfordert einen langsamen Einstieg, z. B. im *Take-no-yu Onsen (□ K11) (Di–Do, Sa/So 15.30–23.30 Uhr | Eintritt ca. 4 Euro | 1-15-12 Minami-Azabu | Minato-ku | U-Bahn N 04, O 22 Azabujuban)*. Es ist berühmt für sein mineralhaltiges Wasser, das als besonders entspannend gilt. Lange Zeit waren Tattoos den Yakuza vorbehalten und deshalb verpönt. In vielen Bädern und heißen Quellen sind Tätowierungen, egal wo und wie klein, deshalb noch immer tabu.

INSIDER-TIPP
Tattoo = Yakuza

JOGGEN

Joggen und Laufen erfreut sich auch in Tokio wachsender Beliebtheit. Definitiv ein Highlight ist hier die Runde um den kaiserlichen Palast. Die Joggingrunde um den Kaiserpalast darf man nur entgegen des Uhrzeigersinns laufen – das ist sinnvoll, denn der Weg ist oft schmal und gut besucht. In letzter Zeit häufen sich Beschwerden über rüpelhafte Läufer, also bitte auf Fußgänger Rücksicht nehmen! Man muss auch nicht allein rennen – es gibt zahlreiche Clubs wie zum Beispiel *Run Tokyo (runtokyo.*

INSIDER-TIPP
Bitte nur linksdrehend!

Nur entgegen des Uhrzeigersinns geht es um den Kaiserpalast

com), die mitunter von Ausländern betrieben und besucht werden.

GOLF

Japan ist vernarrt in diesen von Mark Twain einst zu Unrecht als „vergeudeten Spaziergang" gebrandmarkten Sport. Selbst im Stadtgebiet gibt es Golfplätze sowie riesige Abschlagübungsplätze, zu erkennen an den riesengroßen, grünen Netzen. Besonders empfehlenswert ist aufgrund seiner Lage auf einer Neulandinsel der *Wakasu Golf Links*. Mehr Infos zum Kurs und zur Buchung gibt es unter *tptc.co.jp/en/c_park/03_08*.

ATHLETIK

Tokio wartet mit etlichen Anlagen in Parks auf, in denen sich vor allem die Kinder ordentlich austoben und sportlich betätigen können. Viele dieser „Athletic" genannten Areale kosten Eintritt, sind aber oft mit viel Liebe zum Detail angelegt – so zum Beispiel im *Heiwa-no-Mori-Park* (s. S. 58). Bandai Namco unterhält auch ein großes Indoor-Athletikzentrum mit dem Namen *Space Athletic Tondemi* auf Heiwajima. Japanischkenntnisse sind hier von Vorteil, da keine Informationen auf Englisch erhältlich sind.

SPA & WELLNESS

Wer sich mal richtig verwöhnen lassen und dabei seinen Blick über die Dächer von Tokio streifen lassen möchte, ist in *The Spa* in den obersten Stockwerken des *Mandarin Oriental Tokyo* genau richtig: Entspannung pur, und man ist internationale Kundschaft gewöhnt. Die Aussicht gibt es umsonst dazu, doch man sollte gut 600 Euro für einen 3-Stunden-Kurs einplanen; auch für Männer. Mehr Infos und Buchung unter *mandarinoriental.com/tokyo/nihonbashi/luxury-spa*.

FESTE & EVENTS

Die meisten Feste sind schintoistischen Ursprungs: Man dankt den Göttern und feiert mit ihnen an Schreinen und Tempeln und bei Prozessionen mit Trageschreinen. Fällt ein Feiertag auf einen Sonntag, so ist der folgende Montag arbeitsfrei.

JANUAR

Kurz vor Jahreswechsel vertreiben 108 Glockenschläge in heiligen Stätten die menschlichen Gelüste, z. B. im Zōjōji *(◫ M10)*. In Schreinen und Tempeln erbittet man in den ersten Neujahrstagen den Segen der Götter, etwa am Meiji-Schrein *(◫ E7–8)* und in Asakusa *(◫ S1)*.

2. Jan., 9.30–15 Uhr: Im Palast zeigt sich die Kaiserfamilie dem Volk.

FEBRUAR/MÄRZ

Pflaumenblütenschau Mitte Feb.–Anfang März am Yushima-tenjin-Schrein *(◫ O3)*

AnimeJapan: Größte Anime-Messe der Welt im Tokyo Big Sight *(◫ e3)*, Ende März

MÄRZ/APRIL

Sakura, die Zeit der Kirschblüten: feuchtfröhliche Gelage in Parks und Gärten, z. B. im Shinjuku Gyoen *(◫ F–G6)*, im Ueno-Park *(◫ P1–2)* oder auf dem Aoyama-Friedhof *(◫ H9–10)*

APRIL/MAI

Frühlingsfest: Bunraku, Noh und Bogenschießen am Meiji-Schrein *(◫ E7–8)*, Ende April/Anfang Mai

Sanja-Matsuri: Prozession in Asakusa *(◫ S1)* mit über 100 Trageschreinen am 3. Wochenende im Mai

JULI

Feuerwerk am Sumida-Fluss *(◫ R3–4)*, am letzten Samstag

Das größte **Bon-Odori**, ein Fest zu Ehren der Toten, die in dieser Zeit zu

Beim Totenfest Bon-Odori dürfen Mutige gerne mittanzen

Besuch kommen, kannst du am letzten Freitag und Samstag im Juli vor dem Bahnhof von Ebisu erleben. Mittanzen ausdrücklich erwünscht!

INSIDER-TIPP
Tanz für die Toten

AUGUST

Yoshida no Himatsuri: Mit dem Feuerfest in Fujiyoshida *(a3)* endet am 26. die offizielle Fuji-Bergsteiger-Saison.

SEPTEMBER

Tsurugaoka Hachimangū Reitaisai in Kamakura *(d5)*. Am 15. Trageschrein-Prozession, am 16. Bogenschießen vom Pferd

OKTOBER/NOVEMBER

Ningyo-Kanshasai: Am ersten Sonntag werden am Meiji-Schrein *(E7–8)* zehntausende Puppen und Kuscheltiere, die ihre besten Tage hinter sich haben, verabschiedet.

Herbstfest am Meiji-Schrein *(E7–8)*: Höfische Tänze und Bogenschießen zu Pferde, Ende Okt./Anfang Nov.

Chrysanthemenfest: Ausstellung der Nationalblume im Shinjuku-Gyoen-Park *(F–G6)* in der ersten Novemberhälfte

Shichi-go-san: Drei- und siebenjährige Mädchen sowie drei- und fünfjährige Jungen besuchen festlich gekleidet am 15. Nov. Schreine – fotogen am Meiji-Schrein *(E7–8)*.

Design Festa: Kreatives Feuerwerk im Messekomplex Tokyo Big Sight *(e3)*. Bei einem der größten Kulturfestivals Asiens darf Mitte Nov. jeder seine Kreationen zeigen. Auch im Mai und Aug.

Tokyo International Film Festival (TIFF): Ende Okt./Anfang Nov. findet das renommierte Filmfestival in Roppongi *(J10)* statt.

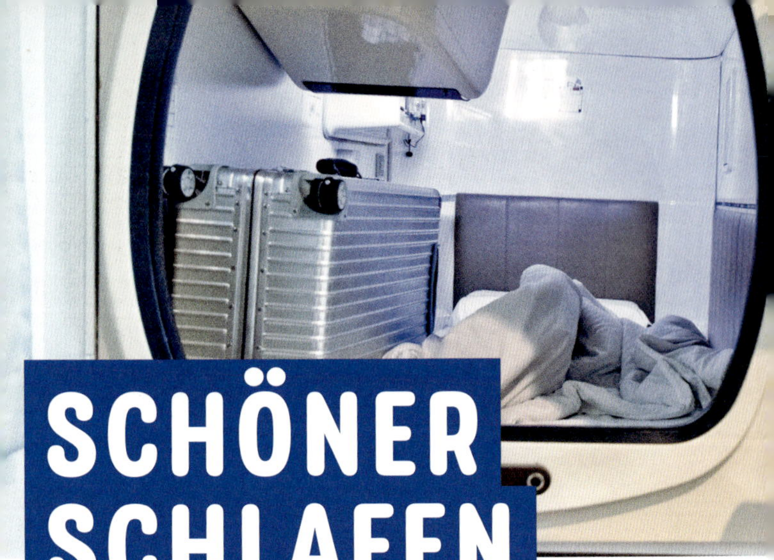

SCHÖNER SCHLAFEN

IMPERIALER NAME, IMPERIALER SERVICE

Seit 1890 empfängt das *Imperial Hotel* (帝国ホテル　東京) *(📖 N8) (931 Zi. | 1-1-1 Uchisaiwai-cho | 1-1-1* 内幸町 | *Chiyoda-ku* | 千代田区 | *Tel. 03 35 04 11 11 | imperialhotel.co.jp/e | U-Bahn I 08, C 09, H 07 Hibiya | €€€)* in der Nähe des Kaiserpalastes Gäste aus aller Welt. Der Neubau hat zwar von außen nicht die Grandeur der Vorgänger, aber Service, Komfort und Flair sind noch immer ausgesprochen kaiserlich.

OASE IN DER BETONWÜSTE

Der aus drei Gebäuden bestehende riesige Hotelkomplex des *New Ōtani* (ホテル　ニューオータニ) *(📖 K7) (1479 Zi. | 4-1 Kioi-cho | 4-1* 紀尾井町 | *Chiyoda-ku* | 千代田区 | *Tel. 03 32 65 11 11 | newotani.co.jp/en/tokyo | U-Bahn G 05, M 13 Akasaka-mitsuke | €€€)* ist eine Art Stadt in der Stadt. Dazu gehört ein wunderschöner japanischer Garten, der im 16. Jh. angelegt wurde.

EINGEKAPSELT

Sie sind so japanisch wie Sushi und Pokémon: Kapselhotels. Wer hier einmal übernachtet, hat keine Angst mehr vor engen Räumen. Im *Shinjuku Kuyakusho-Mae* (新宿区役所前カプセルホテル) *(📖 F5) (1-2-5 Kabukicho | 1-2-5* 歌舞伎町 | *Shinjuku-ku* | 新宿区 | *Tel. 03 32 32 11 10 | U-Bahn M 08 Shinjuku | S-Bahn Yamanote Shinjuku | €)* gibt es auch eine Etage für weibliche Gäste.

AUTHENTISCHES RETRO

Das *Yamanoue (Hilltop) Hotel* (山の上ホテル) *(📖 N4) (74 Zi. | 1-1 Kanda Surugadai | 1-1* 神田　駿河台 | *Chiyoda-ku* | 千代田区 | *Tel. 03 32 93 23 11 | yamanoue-hotel.co.jp | JR Chuo & Sobu | U-Bahn M 20 Ocha-*

Nix für Klaustrophobiker: muckelige Schlafkabine in einem Kapselhotel

nomizu | €€) hat einen eigenwilligen, aber überzeugenden Stil: Die Einrichtung der Zimmer erinnert an das Japan der 1950er-Jahre, mit einer knuffigen japanischen Interpretation westlichen Stils.

INSIDER-TIPP
Der Charme der Showa-Ära

TYPISCH JAPANISCH SCHLAFEN

Das *Annex Katsutaro Ryokan (アネックス勝太郎旅館) (e2) (17 Zi. | 3-8-4 Yanaka | 3-8-4 谷中 | Taito-ku | 台東区 | Tel. 03 38 28 25 00 | katsutaro.com | U-Bahn C 15 Sendagi | €€)* im Stadtteil Yanaka bietet geräumige Tatami-Matten-Zimmer mit Bad und Baumwollkimonos. Geeignet auch für Familien – das größte Zimmer ist für sechs Personen.

TOKIO KANN NUR TEUER?

Das *Khaosan World Asakusa Ryokan & Hotel (R1) (カオサン東京) (3-15-1 Nishi-Asakusa | 3-15-1 西浅草 | Taito-ku | 台東区 | Tel. 03 38 43 01 53 | world.khaosan-tokyo.com/de-de | U-Bahn G 19, A 18 Asakusa | €)* ist ein Ableger der erfolgreichen Backpackerhotelkette *Khaosan Tokyo*, und war vormals ein *Love Hotel*. Dementsprechend interessant ist hier auch nach wie vor die Innenausstattung.

IM HAUS DER WEISEN EULE

Viel Klasse für nur wenig Geld bietet das *Wise Owl Hostel (ワイズ アウル ホステル) (P8) (118 Zi. | 3-22-9 Hatchōbori | 3-22-9 八丁堀 | Chuo-ku | 中央区 | Tel. 03 55 41 29 60 | wiseowlhostels.com | U-Bahn H 11 Hatchōbori | €)*. Auf vier Stockwerken bietet diese neue Herberge Platz in hip designten Gemeinschafts-, Doppel- und Familienzimmern. Es gibt auch einen noch neueren Ableger in Shibuya.

ERLEBNIS TOUREN

Lust, die einzigartigen Facetten der Stadt zu entdecken? Dann sind die Erlebnistouren genau das Richtige für dich! Ganz einfach wird es mit der MARCO POLO Touren-App: Die Tour über den QR-Code aufs Smartphone laden – und auch offline die perfekte Orientierung haben.

Blick vom Mori Tower

Einfach QR-Code scannen und alle Karten & Infos zu unseren Touren auch unterwegs parat haben!

go.marcopolo.de/tok

DIE ERLEBNISTOUREN IM ÜBERBLICK

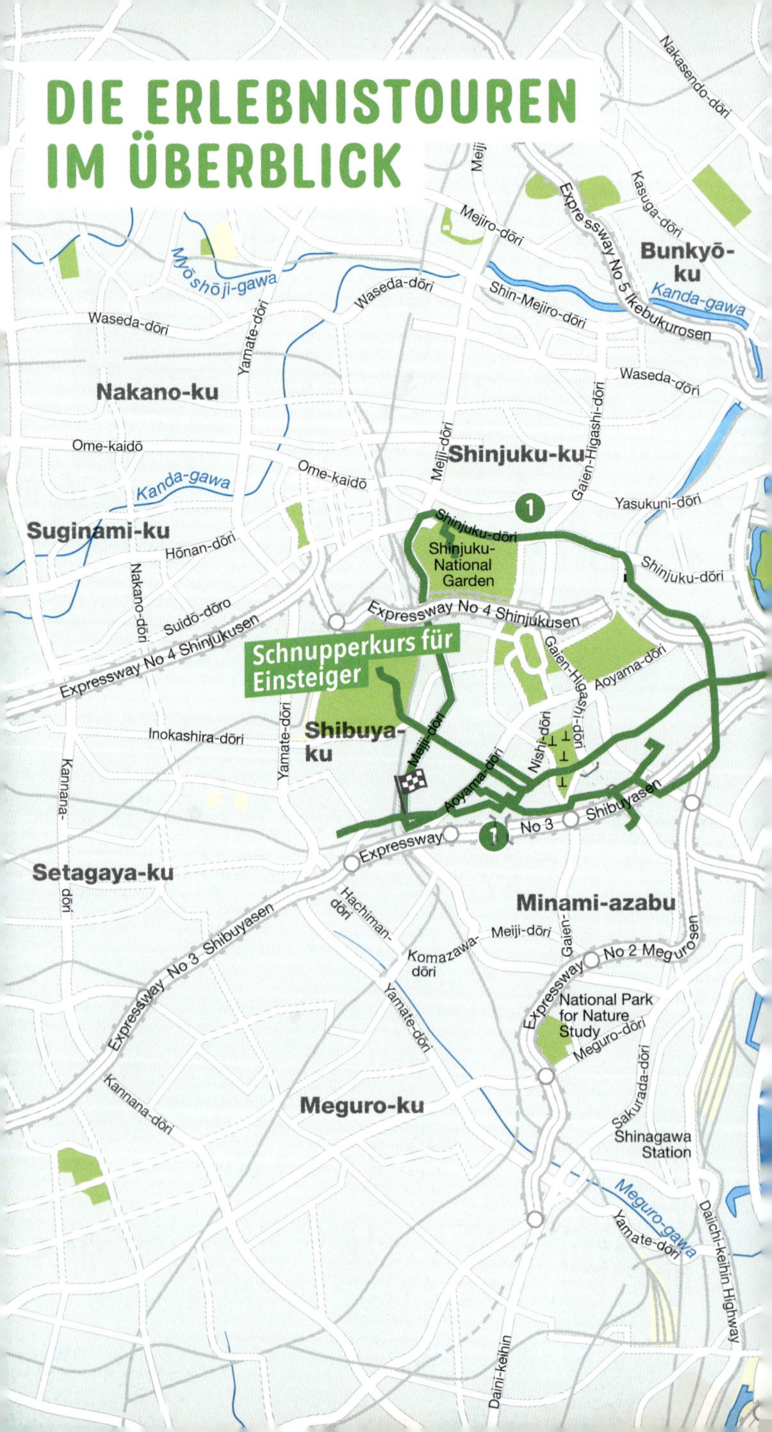

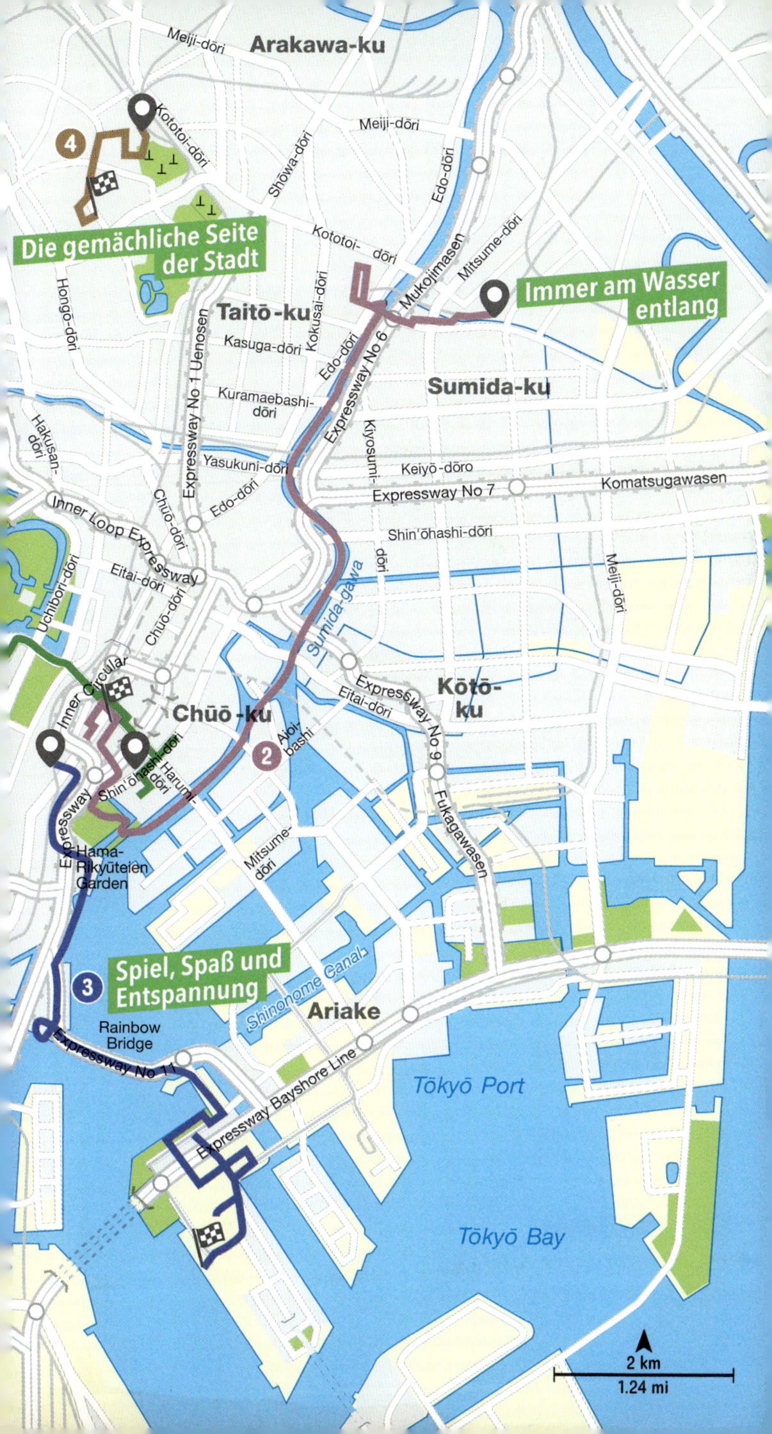
Arakawa-ku
Meiji-dōri
Kototoi-dōri
Meiji-dōri
Shōwa-dōri
Edo-dōri
4
Die gemächliche Seite der Stadt
Kototoi-dōri
Mitsume-dōri
Mukojimasen
Immer am Wasser entlang
Hongō-dōri
Taitō-ku
Kokusai-dōri
Kasuga-dōri
Edo-dōri
Expressway No 6
Sumida-ku
Expressway No 1 Uenosen
Kuramaebashi-dōri
Hakusan-dōri
Kiyosumi-dōri
Yasukuni-dōri
Keiyō-dōro
Expressway No 7
Komatsugawasen
Edo-dōri
Chūō-dōri
Inner Loop Expressway
Shin'ōhashi-dōri
Eitai-dōri
Meiji-dōri
Uchibori-dōri
Chūō-dōri
Sumida-gawa
Inner Circular
Expressway No 9
Eitai-dōri
Kōtō-ku
Chūō-ku
Ajoi-bashi
2
Shin'ōhashi-dōri
Harumi-dōri
Fukagawasen
Expressway
Hama-Rikyūteien Garden
Mitsume-dōri
3
Spiel, Spaß und Entspannung
Shinonome Canal
Ariake
Rainbow Bridge
Expressway No 11
Expressway Bayshore Line
Tōkyō Port
Tōkyō Bay
2 km
1.24 mi

❶ TOKIO PERFEKT IM ÜBERBLICK

- ➤ Fangfrisches Sushi am alten Fischmarkt
- ➤ Kaiserliches Schlendern in Tokios größten Parks
- ➤ Den Puls der Zeit an der Shibuya-Kreuzung spüren

Fischmarkt

Shibuya

32 km

1 Tag, reine Fahr-/Gehzeit 3 ½ Stunden

Kosten: ca. 90 Euro/Pers. für Tageskarte U-Bahn, Eintritte, Essen und Taxi
Achtung: Diese Tour ist sehr flott getaktet. Hab also die Uhr im Blick!

❶ Alter Fischmarkt

❷ Meiji-Schrein

❸ Omotesandō

VOM SUSHI-FRÜHSTÜCK ZUM SHOPPEN

Starte den Tag mit einem Besuch im quirligen ❶ Alten Fischmarkt ➤ S. 48. Warum nicht schon zum Frühstück Fisch? Zwar ist der Inner Market umgezogen, aber im Outer Market bekommt man weiterhin das frischeste Sushi der Welt auf den Teller – von Jakobsmuscheln über Aal bis Thunfisch. Bei Sushizanmai *(tgl. | 4-11-9 Tsukiji | Chuo-ku)* ist die Auswahl besonders groß, der Service an ausländische Gäste gewöhnt.

Die Metro bringt dich danach bis Meijijingumae. Nach einem viertelstündigen Fußmarsch durch eine alte Allee empfängt dich die Ruhe des ❷ Meiji-Schreins ➤ S. 41. Willst du dein Glück herausfordern? Dann häng ein Votivtäfelchen mit deinen Wünschen auf oder erstehe einen Glücksbringer. Nach der meditativen Einkehr *lauf zum Bahnhof Harajuku* und stürz dich ins weltliche Shoppingvergnügen. Ein Bummel auf Tokios Prachtboulevard ❸ Omotesandō ➤ S. 39 geht vorbei an Flagship-Stores weltbekannter Designer. *Am Bahnhof Omotesandō überquerst du die breite Aoyama-dori.* Nach den vielen Eindrücken kommt eine Pause wie gerufen. *Gegenüber von U-Bahn-Ausgang A4* duftet es bei

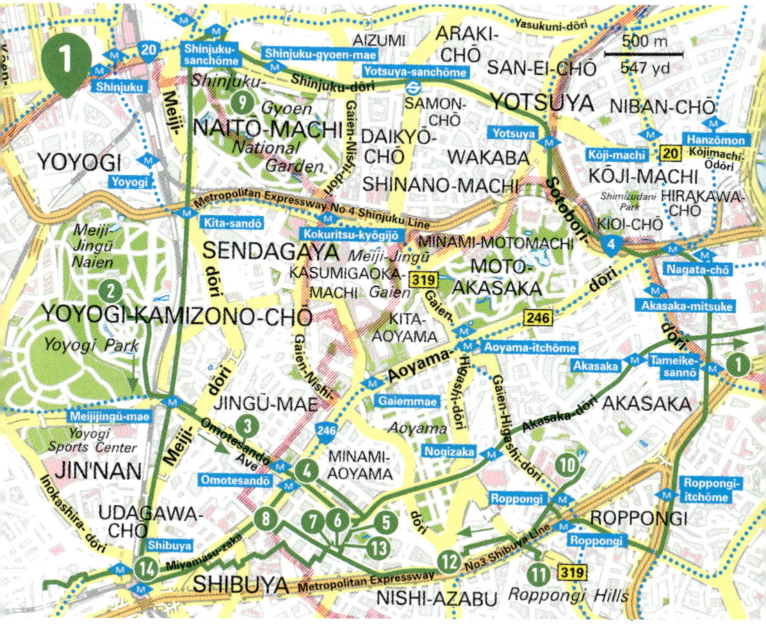

❹ **Aoyama Flower Market Tea House** ➤ S. 68 nach Blumen und Tee – super schmeckt das Rosenparfait mit echten Blütenblättern.

❹ Aoyama Flower Market Tea House

Vom Teehaus sind es sieben Minuten zu Fuß zum ❺ **Nezu-Museum** ➤ S. 42. Gleich dreifach lohnt ein Stopp: Das ultramoderne Museumsgebäude ist ein echter Hingucker, drinnen stürzt du dich in die Exotik ostasiatischer Kunst und im japanischen Garten drumherum kannst du herrlich spazieren gehen. *Verlass das Museum nach links und bieg in die erste Straße rechts* zum originellen ❻ **Taro Okamoto Memorial Museum** *(Mi–Mo 10–18 Uhr | 6-1-19 Minamiaoyama | Minato-ku)* ab. Im früheren Atelier des japanischen Künstlers hängen riesige Gemälde, im Garten stehen seine surrealen Skulpturen. Eine Nummer kleiner geht es *in der nächsten Seitenstraße links* bei ❼ **Sou Sou Kyoto** *(tgl. 11–20 Uhr | 5-4-24 Aoyama | Minato-ku)* zu. Deck dich mit traditionell bedruckten Objekten, etwa einer Stofftasche, und anderen tollen Mitbringseln ein!

❺ Nezu-Museum

❻ Taro Okamoto Memorial Museum

❼ Sou Sou Kyoto

⑧ Pure Deli & Store

⑨ Kaiserlicher Park Shinjuku

Knurrt der Magen? Beruhige ihn mit einem leichten Öko-Mittagssnack und veganem Softeis im ⑧ Pure Deli & Store ➤ S. 68. *Danach bieg rechts wieder zum Bahnhof Omotesandō ab. Fahr mit der U-Bahn nach Shinjuku-Sanchōme und verlass dort die Station am Ausgang C5. Nach rechts geht es über die Shinjuku-dori bis zur nächsten Ampel.* Dort ist links der Eingang zur weitläufigen Gartenanlage ⑨ Kaiserlicher Park Shinjuku ➤ S. 48. Genieß einen Spaziergang durch den schönen Park mit seinen Kirschbäumen und dem Rosengarten.

⑩ Tokyo Midtown

⑪ Mori Tower

TRAUMBLICK AUS DEM 54. STOCK

Und wieder rein in die U-Bahn: Von der Station Shinjukugyoenmae bist du in 20 Minuten in Roppongi. Zwei Gebäuderiesen sind hier die perfekten Locations zum Shoppen: Im Komplex ⑩ Tokyo Midtown ➤ S. 45 steht bei The Cover Nippon im dritten Stock wunderschönes Kunsthandwerk im Regal. Super zur Erholung vom Shopping ist das stylische Idée Café Parc auf der gleichen Etage. In den Roppongi Hills ➤ S. 43 geht es dann hoch hinaus: kein billiger Spaß, aber vom Aussichtsdeck des 54-stöckigen ⑪ Mori Tower hast du einen traumhaften Blick über Tokio, bei gutem Wetter kannst du vom offenen Sky Deck auch ohne Glasscheibe fotografieren. Einen Stock tiefer, im Mori Art Museum ➤ S. 45, erlebst du, wie aufregend moderne Kunst sein kann, und im Museumsshop gibt's Kurioses und Kreatives zum Mitnehmen.

⑫ Gonpachi

⑬ Blue Note Tokyo

⑭ Shibuya

JAZZ ODER TECHNO? DU ENTSCHEIDEST!

Zeit fürs Dinner: Lebhafte Atmosphäre und gegrillte Fleischspieße sind die Markenzeichen von ⑫ Gonpachi ➤ S. 75. Liebst du Jazz? Dann ab ins Taxi zum legendären Club ⑬ Blue Note Tokyo ➤ S. 102. Zu später Stunde tobt das Leben im Ausgehviertel ⑭ Shibuya ➤ S. 88. Noch schnell über die weltberühmte Shibuya Scramble Crossing ➤ S. 88 – und dann in eine der letzten U-Bahnen, die bis Mitternacht fahren. Wer noch nicht schlafen will, macht in einem der besten Technoclubs der Stadt, im Womb ➤ S. 100, die Nacht zum Tag. Und steigt müde, aber glücklich in die erste Bahn um 5 Uhr.

2 SCHAUEN, SCHIPPERN, SHOPPEN

- 30 Millionen Menschen auf den Kopf sehen
- Mehr über die eigene Zukunft im Tempel erfahren
- Mit dem Boot auf zahllosen Flüssen schippern

Start: Tokyo Skytree
Ziel: Ginza
Strecke: 14 km
Dauer: 1 Tag, reine Gehzeit 2 Stunden

Kosten: ca. 70 Euro/Pers. für Rikschafahrt, Fähre, Eintritte, Essen und Trinken

VON GANZ OBEN INS ALTE VERGNÜGUNGSVIERTEL

Beginne den Tag hoch über Tokio auf dem **1 Tokyo Skytree** ➤ S. 52. Vom zweithöchsten Bauwerk der Welt siehst du bei klarem Wetter sogar den eleganten Vulkankegel des Fuji-san ➤ S. 63. Höhenangst ist für dich ein Fremdwort? Dann rauf auf die untere **Aussichtsplattform**! Durch den Glasboden schaust du sensationelle 350 m in die Tiefe. Wer lieber sicher sitzt: Im höchstgelegenen Café Japans, dem **Skytree Café** *(tgl. 8–21.45 Uhr)*, gibt es zu Kaffee und Snacks die umwerfende Aussicht kostenlos dazu.

Wieder auf sicherem Boden, *folg dem Kanal zum Flussufer des Sumida*. Ein tolles Fotomotiv ist die **2 Super Dry Hall**, genauer gesagt die goldene Flamme des Designers Philippe Starck, die er auf das Dach des Gebäudes gesetzt hat. Bizarr! Die Tokioter haben dafür einen wenig schmeichelhaften Spitznamen gefunden: Goldener Hundehaufen. Die Zentrale des Bierherstellers Asahi ist konventioneller: Sie gleicht einem riesigen Bierkrug. *Weiter geht's über die Brücke* zum **3 Kaminarimon**, dem Haupttor zum Sensō-ji-Tempel, gut erkennbar an der riesigen roten Papierlaterne. Lass dich vor dem Tempelbesuch mit einer Rikscha durchs alte

1 Tokyo Skytree
2 Super Dry Hall
3 Kaminarimon

❹ Asakusa

❺ Nakamise

❻ Sensō-ji

Vergnügungsviertel ❹ Asakusa ➤ S. 34 ziehen, und sei es nur für zehn Minuten! Die humorvollen Fahrer haben gute Englischkenntnisse. Bummle danach noch durch die urige Ladenstraße ❺ Nakamise. Dort kannst du zuschauen, wie traditionelle Süßigkeiten, etwa frittierte und gefüllte Teigklößchen, hergestellt werden – und sie gleich probieren.

RÄUCHERN GEGEN HAARAUSFALL

Am Ende der Ladenstraße wirst du auf ein weiteres Tor des ❻ Sensō-ji ➤ S. 35 stoßen. Mit etwas Glück wird am farbenfrohen Tempel gerade ein traditionelles Fest gefeiert. Auf jeden Fall solltest du dir am Eingang den Rauch der Räucherstäbchen zufächeln. Das soll haarwuchsfördernd sein! Was die Zukunft für dich bereithält, erfährst du im Tempel. Zieh ein Stäbchen mit einer Nummer aus einer Holzbox, und nimm dir dann aus der entsprechenden Schublade ein Orakel-Zettelchen – auch auf Englisch erhältlich. Fällt die Weissagung schlecht aus? Dann schnell den Zettel zusammenfalten und zu den anderen Zetteln hängen! Gute Orakel kannst du

INSIDER-TIPP
Weg mit dem Umglück!

Tolles Fotomotiv: Ganz schön was los in der Ladenstraße Nakamise!

hingegen getrost mitnehmen. *Am Asakusa-Schrein vorbei, durchquerst du das Tor Nitenmon und folgst der nächsten großen Straße nach rechts* zum Kaufhaus ❼ **Matsuya** direkt im Bahnhof Asakusa. Im Untergeschoss findest du Bento-Boxen mit Fisch, Fleisch, Reis und Gemüse fürs Mittagessen auf der Fähre, Abfahrt ist 13 Uhr (oder 12.35 oder 14.05 Uhr)!

❼ Matsuya

MIT DER FÄHRE IN DEN RUHIGEN GARTEN

An der roten Azuma-Brücke ist das Ticketbüro für den ❽ **Tokyo Cruise**. Erstaunlich, wie grün Tokio vom Wasser aus ist! Im Frühjahr säumen rosa blühende Kirschbäume den Fluss, die Promenade ist blumengeschmückt. Dann taucht links die *Kokugikan-Halle* auf, die Arena der Sumoringer. Vier Brücken weiter steht auf der linken Seite eine Statue von Japans berühmtestem Haiku-Dichter Bashō. Wieder links ragen die Türme des Wohnviertels *River City 21* auf. Vorbei am alten *Fischmarkt* ➤ *S. 48* auf der rechten Seite, nähert sich die Fähre der Endstation Hamarikyū. Zeit, sich die Beine im ❾ **Hamarikyū-Garten** ➤ S. 48 zu vertreten und im Teehaus eine Schale Matcha-Tee nebst Süßigkeiten zu genießen – mit spektakulärem Blick auf die Wolkenkratzer von *Shiodome. Vom Park sind es zehn Minuten zu Fuß zur U- und S-Bahn-Station Shimbashi.*

❽ Tokyo Cruise

❾ Hamarikyū-Garten

AUF ZUM SHOPPING IN DIE GINZA

Nordöstlich von Shimbashi liegt Japans edelste Einkaufsmeile, die ❿ **Ginza** ➤ S. 48. Bummle die zentrale **Chuo-dori** und **Harumi-dori** sowie die Seitenstraßen rauf und runter. **Ginza Natsuno** *(Mo–Sa 10–20, So 10–19 Uhr | 6-7-4 Ginza | Chūo-ku)* hat eine überwältigende Auswahl an Essstäbchen – tolle Mitbringsel! **Kyūkyodō** *(Mo–Sa 10–19, So 11–19 Uhr | 5-7-4 Ginza | Chūō-ku)* ist spezialisiert auf Produkte aus Papier: edles *Washi*-Papier, die schönsten Postkarten und geschmackvolles Geschenkpapier. Zu wenig T-Shirts oder warme Sachen dabei? In der weltgrößten Filiale von **Uniqlo** ➤ S. 93 findest du supergünstig Funktionales in guter Qualität und vielen Farben. Eine ganz andere Preisklasse ist **Mikimoto** ➤ S. 93. Aber selbst wenn du dich nicht für kostspielige Perlen begeisterst, ist die exzen-

❿ Ginza

trische „löchrige" Gebäudefassade ein Foto wert. Im **Café Paulista** *(Mo–Sa 8.30–21.30, So 11.30–20 Uhr | 8–9 Ginza | Chūo-ku)* kannst du dich verdient in einen braunen Ledersitz fallen lassen und die vielen Eindrücke bei einer Tasse Kaffee Revue passieren lassen.

3 FUTURISTISCHES TOKIO

- **Dahin, wo vor 50 Jahren nicht mehr als Meer war**
- **Entspannen in den heißen Quellen der Stadt**
- **Optisches Schwelgen in einer einmaligen Lichtgallerie**

Shimbashi

Ōedo Onsen Monogatari

17 km

1 Tag, reine Fahr-/Gehzeit 2 ¼ Stunden

Kosten: ca. 60 Euro/Pers. für Tageskarte S-Bahn, Eintritte, Tee- und Lunchpause, Ticket Riesenrad
Mitnehmen: Badezeug

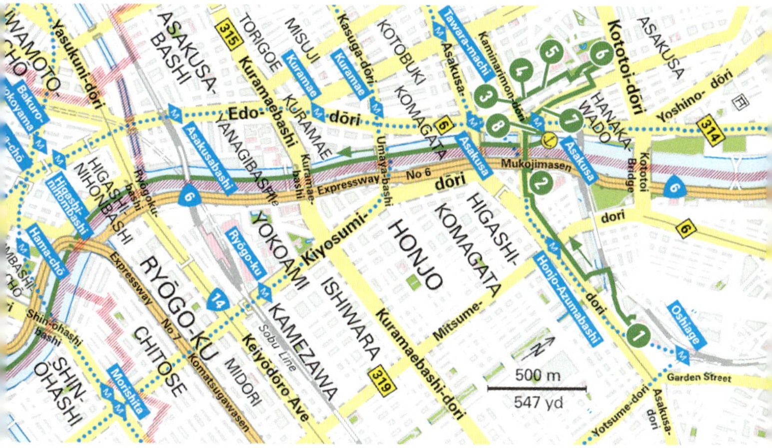

FOTOS AUS DEM ERSTEN WAGGON

Löse eine Tageskarte am Bahnhof ❶ **Shimbashi** (A 10, G 08) für die Yurikamome-Linie. *Ziel ist Odaiba ➤ S. 50*, eine künstlich aufgeschüttete Insel in der Bucht von Tokio. Wenn du dir einen Sitzplatz an der Frontscheibe des ersten Waggons sicherst, sind dir einmalige Fotomotive sicher. Denn auf Höhe der ❷ **Rainbow Bridge** zieht die führerlose Bahn eine elegante Schleife auf die beeindruckende Hängebrücke.

❶ Shimbashi

❷ Rainbow Bridge

Steig in ❸ **Odaiba Kaihin Kōen** *aus und spaziere den künstlichen Sandstrand entlang zum Bahnhof Daiba*. Unterwegs springt dir sicher ein futuristisches Gebäude mit silbrig schimmernder Riesenkugel ins Auge. Sieht aus wie ein Großbildschirm – kein Zufall: Hier sitzt Fuji TV. Und du sitzt gleich im eleganten ❹ **Hilton Tokyo Odaiba** im Hotelcafé und bewunderst das Wolkenkratzerpanorama entlang der Bucht von Tokio.

❸ Odaiba Kaihin Kōen

❹ Hilton Tokyo Odaiba

DICKE NUDELN UND MODERNE TECHNIK

Folg den Stegen zu einer breiten Flaniermeile zwischen Fuji TV und dem Hotel Grand Nikko Tokyo Daiba. Das Einkaufszentrum ❺ **DiverCity Tokyo Plaza** ist perfekt für einen Lunch-Stopp. Im **Hanamaru Udon** *(tgl. 10–22 Uhr | €)* schmecken leckere Udon – sehr dicke Weizennudeln, die man auch gern kalt isst. Wieder bereit

❺ DiverCity Tokyo Plaza

6 Miraikan

7 Palette Town

für Futuristisches? Dann lauf zum Technikmuseum 6 Miraikan *(Mi–Mo 10–17 Uhr | Eintritt 620 Yen | miraikan.jst.go.jp/en)*. Die Zukunft ist hier schon angekommen. Mitmachen erwünscht: von der Erforschung des Alls bis zur Robotik.

VOM VERGNÜGUNGSPARK INS BADEHAUS

Auch die Gegenwart hat Spannendes zu bieten! Für den nächsten Stopp *lauf wieder zurück* und stürz dich in den Einkaufs- und Vergnügungspark 7 Palette Town. Hier kannst du locker Tage verbringen und das allein schon in der Lichtgallerie Teamlabo Borderless.

Lust auf Bowlen oder Lieder schmettern? Dann rein ins **Tokyo Leisure Land**, ein Mix aus Spielsalon, Bowlingbahn und Karaokebar. Oder Odaiba aus der Vogelperspektive sehen? Dann hoch aufs Riesenrad, mit 115 m eins der größten weltweit. Danach shoppen: Im **Venus Fort**, einer auf Italien getrimmten Outlet Mall, kannst du in rund 50 Geschäften und dem Food Court bummeln. Du liebst Autos? Im **Megaweb**, einem Showroom von Japans Top-Autohersteller Toyota, düst du im Hybrid-Gokart in die motorisierte Zukunft.

Nach so viel lauter Zukunftsmusik entspannt ein Abstecher in die ruhige Vergangenheit. *Fahr eine Station zurück zum* **Telecom Center**. Im **8 Ōedo Onsen Monogatari** *(tgl. 11–8 Uhr (morgens!) | Eintritt ab 2180 Yen | 2-6-3 Aomi | Kōtō-ku)*, einer Mischung aus Badehaus und Themenpark, kannst du japanisch-traditionell in heißem Quellwasser entspannen (Tattoos sind allerdings nicht erlaubt).

8 Ōedo Onsen Monogatari

Hochbahn und Hochhäuser: Am Bahnhof Shimbashi startet die Tour

❹ BUMMEL DURCH YANESEN

- Spazieren im Tempel- und Katzenbezirk
- Mit Souvenirs eindecken in einer rustikalen Einkaufsstraße
- Einen Hauch Kyoto atmen

Nippori

Oimoyasan

3 km

1 Tag,
reine Gehzeit
1 Stunde

Kosten: Asakura Museum of Sculpture Eintritt ca. 4 Euro
Achtung: Meide Montage, viele Geschäfte sind geschlossen; das Asakura Museum of Sculpture ist auch donnerstags zu.

❶ Nippori

❷ Yanaka-Friedhof

❸ Choanji

❹ Asakura Museum of Sculpture

KIRSCHBLÜTE IN DER „KATZENSTADT"

Vom Südausgang der S-Bahn-Station ❶ **Nippori** *steigt linker Hand ein Pfad hinauf.* Dieser führt am *Tennoji-Tempel* mit einer hübschen Buddhastatue vorbei auf das weitläufige Gelände des ❷ **Yanaka-Friedhofs**. Wenn im Frühjahr die Kirschbäume im Friedhof blühen, ist dies ein wunderbarer Ort für *hanami* (Kirschblütenschau). Siehst du Katzen herumstreunen? Deshalb heißt die Gegend auch „Katzenstadt". *An der ersten großen Kreuzung im Friedhof geht es rechts zum* ❸ **Choanji** inmitten eines alten Tempelviertels. Mit ihrem traditionellen Gebälk aus dunklem Holz strahlen die kleinen Tempel große Ruhe aus.

ERST ZEN-PAUSE DANN SOUVENIRJAGD

Jetzt rechts ab zum ❹ **Asakura Museum of Sculpture** ➤ S. 52. Hier gibt's gleich doppelte Einblicke: in das Atelier eines japanischen Bildhauers – mit lebensechten Skulpturen von Menschen und Katzen – und in ein traditionelles Wohnhaus aus der Edo-Zeit. Und Natur! Umrunde den schönen Zen-Wassergarten im Innenhof, und steige auf den Dachgarten mit herrlichem Rundblick.

Tokio ohne Shoppen? Das geht natürlich gar nicht. *Folg der Straße zur nächsten großen Weggabelung, geh dort schräg rechts weiter, vorbei an einem Laden mit Katzen-Krimskrams, und dann die Treppenstufen runter.* Unten beginnt die ❺ **Yanaka Ginza**, eine autofreie Einkaufsstraße mit Retro-Flair. Auf der linken Seite kannst du dich bei **Ito Manufacturing** mit allem eindecken, was mit Pandas und Katzen zu tun hat – von T-Shirts bis zu Stehrumchen.

INSIDER-TIPP
Abgestempelt

In Japan unterschreibt man nicht, man stempelt. Links von Ito Manufacturing kannst du dir deinen persönlichen Stempel anfertigen lassen. Das ultimative Insider-Souvenir!

SCHREIN UND SÜSSE DESSERTS

Wie wär's jetzt mit Streetfood zum Lunch, zum Beispiel Paniertes wie *menchi-katsu*, der japanischen Version von Kroketten? Kostenlos grünen Tee serviert das Tee- und Keramikgeschäft **Kanekichien** – zum Dank für deinen Besuch. *Weiter die Straße entlang*, schlagen Naschkatzen-Herzen im hübschen Café **Waguriya** *(Di–So 11–18 Uhr)* höher. Die köstlichen Desserts mit Esskastanien werden je nach Saison variiert, im Frühling mit frischen Erdbeeren.

❺ **Yanaka Ginza**

Lauf schräg links weiter, zur Hauptstraße Shinobazu Dori, der du nach links folgst. An der fünften Ampel geht es rechts zum ❻ **Nezu-Schrein** ➤ S. 42 ab, einem der schönsten in Tokio – mit Karpfenteichen, Gingkobäumen und der Azaleenblüte im Frühjahr. *Über eine Steinbrücke läufst du zurück auf die Hauptstraße. Bevor es zur U-Bahn-Station Nezu geht,* stoppen Süßmäuler ein letztes Mal: Zum Reinlegen sind die Süßkartoffeldesserts bei ❼ **Oimoyasan** *(tgl. 10–19 Uhr | 1-22-14 Nezu | Bunkyō-ku).*

❻ **Nezu-Schrein**

❼ **Oimoyasan**

GUT ZU WISSEN

DIE BASICS FÜR DEINEN STÄDTETRIP

ANKOMMEN

+ 8 Stunden Zeitverschiebung

Während der europäischen Sommerzeit + 7 Stunden

AUSKUNFT VOR DER REISE

JAPANISCHE FREMDENVERKEHRSZENTRALE (JAPAN NATIONAL TOURIST ORGANIZATION, JNTO)

Die Japanische Fremdenverkehrszentrale bietet einiges an Material zum Download an und versendet auch Broschüren. *Kaiserstr. 11 | 60311 Frankfurt/M. | Tel. 069 20353 | jnto.de*

ANREISE

Direktflüge von Frankfurt, München und Düsseldorf nach Tokio kosten ab 800 Euro und dauern rund 12 Stunden. Emirates *(emirates.com)* und Etihad *(etihad.com)* bieten billigere Flüge mit einmal Umsteigen an, dann beträgt die Reisedauer aber ca. 19 Stunden. Zunehmend interessanter werden die Angebote mit Zwischenstopp in China, Polen, der Türkei oder der Mongolei.

Bei Japan Airlines *(jal.co.jp/yokosojapan)* bekommen Japantouristen Sonderpreise, wenn sie die Flüge in Deutschland buchen, ebenso bei All Nippon Airways *(ana.co.jp)*. Der Blick auf Angebote von Billigfluglinien wie Jet Star *(jetstar.com)*, Peach *(flypeach.com)* oder Skymark *(skymark.co.jp)*. lohnt sich, je früher desto besser.

Der internationale Flughafen Narita liegt rund 60 km östlich des Stadtzentrums. Taxis kosten ca. 200 Euro! Orangefarbene Busse von *Airport Limousi-*

Auf der Yurikamome-Linie geht es über die Rainbow Bridge

Adapter für die Flachsteckdosen

Netzspannung: (nur) 100 Volt

ne (ca. 25 Euro | U-Bahnhof Z 10 Suitengumae) fahren in 70 Minuten zum Tokyo City Air Terminal (T-CAT) und zu den größeren Hotels. Günstiger sind Busse von *Keisei (ca. 7 Euro | keiseibus.co.jp | S-Bahn M 17 Tokio)*, die in gut einer Stunde zum Bahnhof Tokio fahren.

Narita Express (NEX): Diese Flughafen-Schnellbahn der Japan Railways fährt zum Bahnhof Tokio *(ca. 22 Euro)* und von dort weiter nach Shinjuku, Ikebukuro, Shibuya oder Yokohama. Alle Sitze sind reserviert. Inhaber eines Japan-Rail-Passes *(japanrailpass.net)* können den NEX nutzen.

Skyliner: Diese private Schnellbahn braucht nur 36 Minuten bis Nippori *(ca. 17 Euro)*, nach Ueno ein paar Minuten mehr. Weiter geht es mit S-Bahn oder U-Bahn. Bei wenig Gepäck empfehlenswert. Billiger, aber langsamer als der Skyliner sind die Schnellzüge der Keisei-Linie *(ca. 75 Min. | um 7 Euro)*.

Inlandflüge sowie immer mehr internationale Flüge landen auf dem innenstadtnahen Flughafen Haneda *(haneda-tokyo-access.com)*. Von dort geht es mit der Einschienenbahn *(Monorail)* bis Hamamatsucho, wo du mit der Yamanote-Ringlinie alle großen, zentralen Bahnhöfe ansteuern kannst. Taxis ins Zentrum kosten zwischen 50 und 80 Euro. Kalkuliere jedoch mit ein, dass von und nach Haneda Staugefahr besteht.

Die drei Superexpress-(Shinkansen-) Linien enden alle im Bahnhof Tokio. Endbahnhof für andere Züge aus Richtung Norden ist Ueno, aus Richtung Westen Shinjuku, ansonsten Tokio.

Überall hat man U- und S-Bahn-Anschluss.

EINREISE
D-A-CH-Bürger benötigen lediglich einen bei Einreise noch sechs Monate gültigen Reisepass und erhalten bei der Einreise eine Aufenthaltsgenehmigung von drei Monaten.

MOBIL SEIN

ÖFFENTLICHE VERKEHRSMITTEL
Betriebsruhe herrscht von ca. 1 Uhr nachts bis 5 Uhr morgens. Es gibt private und öffentliche S- und U-Bahnen, die jeweils eigene Ticketschalter und -gates haben. Zu beachten: Wenn du von der U-Bahn (Metro, Toei) auf die S-Bahn (JR) wechselst, wird die Fahrt teurer als innerhalb eines Systems.
Damit du beim Umsteigen nicht ständig neue Tickets kaufen musst, lohnt es sich, am Automaten oder Ticketschalter eine Suica- oder Pasmo-Karte zu kaufen (ab 1000 Yen, 500 Yen davon sind Pfand). Mit diesen aufladbaren Plastikkarten kannst du ganz einfach durch Auflegen auf ein Lesegerät deine Bahn- oder Busfahrt bezahlen, aber auch im Convenience Store einkaufen. Hast du einmal zu wenig Geld auf der Karte, kannst du am Ziel-

Mit Bus und Bahn kommt man nicht so nah an den Kaiserpalast – aber mit dem Rad

ort beim „Fare Adjustment"-Automaten nachlösen.
Wenn du lieber einzelne Papiertickets pro Fahrt lösen willst aber unsicher bist, wie viel zu bezahlen ist, wähl einfach das günstigste Ticket und bezahl am Ziel nach.
Achtung: Auf vielen Strecken fahren auch Expresszüge, die nicht an allen Stationen halten. Sie werden auf Anzeigetafeln meistens Rot angekündigt. Noch ein Tipp: Busse ohne Kenntnisse der japanischen Sprache sind nicht die erste Wahl des Verkehrsmittels.
Es gibt auch Tageskarten für Tokio, doch das System ist etwas unübersichtlich und ändert sich gelegentlich. Da die innerstädtischen Fahrkosten ohnehin recht niedrig sind, fährt man mit den oben erwähnten Suica- oder Pasmokarten wesentlich besser.

TAXIS

Taxis gibt es viele, aber sie sind teuer. Der Startpreis für die ersten zwei Kilometer beträgt 730 Yen (ca. 5 Euro). Zwischen 22 und 5 Uhr kommen 20 Prozent Aufschlag hinzu. Dafür sind die Autos blitzsauber, die Fahrer tragen weiße Handschuhe, und die hintere Tür öffnet und schließt sich automatisch (also bitte nicht von außen zuschlagen!). Anhalten kann man Taxis überall – ein rotes Leuchtschild hinter der Windschutzscheibe zeigt an, dass sie leer sind, grün oder ohne angeschaltetes Leuchtschild bedeutet besetzt. Nach Möglichkeit eine Adresse parat haben – die Ortskenntnis vieler Fahrer ist stark begrenzt.

VOR ORT

AUSKUNFT IN TOKIO

TOKYO TOURIST INFORMATION CENTER

Die Infostelle der Stadt Tokio im Rathaus (Zweigstellen auf dem Haneda-Flughafen, 24/7 geöffnet, im Keisei-Ueno-Bahnhof und im Shinjuku Bus Terminal) bietet Beratung, Prospekte und Karten. *No 1 Building | 2-8-1 Nishi-Shinjuku | Shinjuku-ku | Tel. 03 53 21 30 77 | U-Bahn E 28 Tochōmae*

TOURIST INFORMATION CENTER (NARITA AIRPORT)

Infocenter gibt es in den Terminals 1 und 2 im Flughafen Narita. Geöffnet von 8 bis 20 Uhr.

TOURIST INFORMATION CENTER (TIC)

Hier bekommst du neben diversen Broschüren, Stadt- und U-Bahn-Plänen auch Hilfe für die Weiterreise in Japan. Das Center vermittelt zudem Fremdenführer. Die TIC-Telefonnummer solltest du stets bei dir haben. *Shin Tokyo Building 1F | 3-3-1 Marunouchi | Chiyoda-ku | Tel. 03 32 01 33 31 | U-Bahn H 07, C 09 Hibiya | S-Bahn Yamanote Yūrakuchō |* *08*

BANKEN & GELDWECHSEL

Japan ist ein Bargeldland, vor allem außerhalb der Städte, aber auch in kleineren Läden und Lokalen in Tokio. Wechsle daher am besten eine größere Menge Bargeld bei Ankunft am Flughafen. In Banken *(Mo–Fr*

9–15 Uhr) ist der Prozess sehr zeitraubend und die Gebühren hoch, Wechselstuben gibt es wenige.

Nimm deshalb unbedingt eine Kreditkarte (Visa, Mastercard) mit PIN-Nummer fürs Abheben am Geldautomaten mit. Damit kannst du problemlos die Geldautomaten der Post sowie der 7-Eleven Convenience Stores nutzen.

Zu beachten: EC-Karten (Maestro) funktionieren in Japan nicht.

DIPLOMATISCHE VERTRETUNGEN

DEUTSCHE BOTSCHAFT

4-5-10 Minami Azabu | Minato-ku | Tel. 03 57 91 77 00 | U-Bahn H 03 Hiro-o | 🕮 J11

ÖSTERREICHISCHE BOTSCHAFT

1-1-20 Moto Azabu | Minato-ku | Tel. 03 34 51 82 81 | U-Bahn N 04, E 22 Azabu-jūban | 🕮 K11

SCHWEIZER BOTSCHAFT

5-9-12 Minami Azabu | Minato-ku | Tel. 03 54 49 84 00 | U-Bahn H 03 Hiro-o | 🕮 J11

STADTRUNDFAHRTEN

FREE GUIDED TOURS FOR FOREIGN TOURISTS

Über zehn Routen haben die freiwilligen Stadtführer im Rathaus in Shinjuku im Angebot. Kleine Gruppen und viele Informationen. Da die Führer ihren Job umsonst machen, fallen lediglich Kosten für Eintrittspreise und Fahrt an. *gotokyo.org/de/guide-services*

SKYBUS TOKYO

Im offenen Doppeldeckerbus: vier Routen mit mehrsprachigen Erklärungen. *short.travel/tok11*

FEIERTAGE

1. Jan.	Neujahr
2. Mo im Jan.	Volljährigkeitstag
23. Feb.	Staatsgründungstag
11. Feb.	Kaisergeburtstag
20. März	Frühlingsanfang
29. April	Goldene Woche: Showa-Tag
3. Mai	Goldene Woche: Verfassungstag
4. Mai	Goldene Woche: Tag des Grüns
5. Mai	Goldene Woche: Kindertag
3. Mo im Juli	Tag des Meeres
11. Aug.	Tag des Berges
3. Mo im Sept.	Tag der Alten
22. Sept.	Herbstanfang
2. Mo im Okt.	Tag des Sports
3. Nov.	Tag der Kultur
23. Nov.	Tag des Arbeitsdanks

NOTFÄLLE

NOTFALL

Polizei: *Tel. 1 10*

Krankenwagen und Feuerwehr: *Tel. 1 19*

Anleitung zum Verhalten bei Erdbeben: *metro.tokyo.jp/english/guide/bosai.*

Falls keine offensichtliche Gefahr (wie zum Beispiel durch einen Brand) besteht, bist du gut beraten, bei einem Erdbeben im Gebäude zu bleiben – dort ist es beinahe immer sicherer als draußen!

INSIDER-TIPP
Wackelt's? Bleib drinnen!

WICHTIGE HINWEISE

GESUNDHEIT

Die medizinische Versorgung in Tokio ist gut, aber teuer. Arztpraxen, kleinere Kliniken sowie Drogerien und Apotheken gibt es in jedem Stadtviertel. Oft wird jedoch die Sprache zum Problem. Vorsichtsmaßnahmen: Erstens solltest du immer die Nummer vom *Tokyo Medical Information Center (tgl. 9–20 Uhr | Tel. 03 52 85 81 81)* dabeihaben; englischsprachiges Personal kann dort englischsprachige Krankenhäuser und Fachärzte nennen. Zweitens empfiehlt es sich, beim Tourist Information Center die Liste der englischsprachigen Ärzte und Krankenhäuser mitzunehmen. Verschreibungspflichtige Medikamente bringt man besser von zu Hause mit.

KLIMA & REISEZEIT

Besonders reizvoll sind das Frühjahr mit der Kirschbaumblüte (März/April) und der Herbst (November), wenn die Ahorn- und Ginkgobäume ein Feuerwerk der Farben zünden. Meiden solltest du die Monate Juli und August, Tokio brütet dann unter einer unerträglich schwülen Hitzeglocke. Die Wintermonate sind oft bis in den Dezember erfreulich mild und sonnig. Im Januar/Februar regnet es dann häufiger bei Temperaturen unter zehn Grad.

Das staatliche Wetteramt *(jma.go.jp/en/yoho)* informiert über Sturmwarnungen, Tsunami- und Erdbebenaktivitäten.

POST

Luftpostkarten nach Europa kosten 70 Yen Porto, Luftpostbriefe bis 25 Gramm 110 Yen.

PREISE & WÄHRUNG

Tokio zählt zu den teuersten Städten der Welt. Vorsicht: Der Yen-Euro-Wechselkurs schwankt bisweilen stark!

STROM

Die Stromspannung beträgt in Japan nur 100 Volt. Die Netzgeräte der meisten Handys, Laptops und Kameras sind von 100 bis 240 Volt ausgelegt, aber ein kurzer Blick auf den jeweiligen Adapter oder das Lagegerät vor der Reise schützt vor Überraschungen. Zusätzlich brauchst du einen Adapter für die Flachsteckdosen. USB-Ladebuchsen sind relativ häufig. Achtung: Wer ein elektronisches Gerät in Japan kauft, sollte unbedingt sicher gehen, dass das Gerät die in Deutschland üblichen 230 Volt verkraftet!

TELEFON & HANDY

Öffentliche Fernsprecher akzeptieren oft nur noch Telefonkarten. Grundgebühr für ein Ortsgespräch: 10 Yen, Überseegespräche nur an Apparaten, die mit International Call gekennzeichnet sind. Telefonkarten *(telefon-kado)* zu 1000 Yen sind erhältlich in Automaten, Hotels und Bahnhofskiosken. Für Auslandsgespräche sind Prepaid-Karten *(puripaido-kado)* zu empfehlen. Es gibt sie in Convenience Stores, z. B. Lawson oder 7-Eleven.

Eine Gesprächsminute nach Deutschland kostet werktags tagsüber etwa 2,20 Euro. Lieber auf Skype, Facetime & Co. zurückgreifen!

Vorwahl nach Deutschland: +49, Österreich: +43, Schweiz: +41, Tokio aus dem Ausland: +81-3. Bei Festnetztelefonaten und Anrufen mit Telefonkarten: Vorwahl des Netzanbieters plus 010 plus Ländercode. Anrufe aus Japan ins Festnetz nach Tokio beginnen mit 03.

Nur UMTS-fähige Mobiltelefone funktionieren in Japan. Der deutsche Netzbetreiber muss Vertragspartner von NTT II, DoCoMo oder Softbank Mobile sein. Man kann sich am Flughafen auch ein Handy oder eine SIM-Card mieten. Infos vorab erhältst du z. B. bei Softbank *(softbank-rental.jp/en)*. Die Firma *Rentafone Japan (rentafonejapan.com)* schickt das Miethandy an jede Unterkunft. Unbedingt die Freischaltung für Auslandsgespräche abklären!

TRINKGELD

In Japan gilt: kein Trinkgeld!

Bei kostenlosen Führungen und dergleichen sind jedoch kleine Aufmerksamkeiten willkommen.

VERANSTALTUNGSKALENDER

Im kostenlosen Stadtmagazin wie „Metropolis" oder auf dem Portal *timeout.com/tokyo*; Konzerte auf *tokyogigguide.com*.

VERSTÄNDIGUNG

Zunächst die gute Nachricht: In Tokio ist die Beschilderung in den Bahnhöfen und öffentlichen Verkehrsmitteln auch für Ausländer verständlich. Denn die Stationsnamen werden sowohl in japanischen Schriftzeichen als auch mit lateinischen Buchstaben geschrieben. In den meisten Zügen erfolgen zudem die Durchsagen auf Japanisch und Englisch. Nun die etwas schlechtere Nachricht: Selbst in der Hauptstadt spricht kaum ein Einheimischer Englisch oder gar Deutsch. Das ist manchen Japanern so unangenehm, dass sie stur an dir vorbeilaufen, wenn du sie etwa nach einer Adresse fragst. In der Regel wird Fremden aber gerne und geduldig geholfen – auch dabei, einen Landsmann mit Fremdsprachenkenntnissen zu finden.

WAS KOSTET WIE VIEL?

Kaffee	ab 2 Euro *für eine Tasse*
Mitbringsel	ca. 8 Euro *für ein schönes Paar Essstäbchen*
U-Bahn	ca. 9 Euro *für eine Tageskarte*
Nudelsuppe	ca. 3,50 Euro *im Stehimbiss*
Sushi	um 1 Euro *für 2 Stück vom Laufband*
Kino	ca. 15 Euro *für ein Ticket*

WLAN

Leider hat Tokio noch kein flächendeckendes WLAN-Netz. Allerdings bieten immer mehr Restaurants, Hotels und die meisten zentralen Bahnhöfe der Tokioter U-Bahn (Metro) kostenlosen

WLAN-Zugang an (z. B. *Wired Cafe Shibuya QFront (□ E10) | tgl. | QFront 6F | Udagawachō 21-6 | Shibuya-ku)*. Eine Liste mit kostenlosen WLAN-Spots findest du unter *freespot.com/users/map_e.html*. NTT Communications bietet für Touristen einen zweiwöchigen kostenlosen WLAN-Zugang an ihren Hotspots an *(ntt-bp.net/jcfw/en.html)*. Oder du mietest einen mobilen WLAN-Router am Flughafen, z. B. bei *Softbank (softbank-rental.jp/en)*. Eine Alternative sind Daten-SIM-Karten fürs Mobiltelefon, z. B. *Japan Travel SIM (t.iijmio.jp/en)*. An den Flughäfen gibt es kostenlosen WLAN-Zugang.

ZOLL

Eine Zollerklärung muss jeder Reisende ausfüllen (Formulare im Flugzeug). Neben dem normalen Gepäck darfst du wahlweise 400 Zigaretten, 100 Zigarren oder 500 g Tabak einführen sowie 60 ml Parfüm und über 18-Jährige drei Flaschen Spirituosen oder alkoholhaltige Getränke (2,28 l). Zollfrei können außerdem Gegenstände eingeführt werden, deren ausländischer Marktwert insgesamt unter 200 000 Yen liegt (ca. 1500 Euro). Bei der Heimkehr sind eingekaufte Waren bis zu einem Wert von 430 Euro zollfrei. Sonstige Freimengen: 200 Zigaretten, 50 ml Parfüm, 1 l Spirituosen oder 2 l Alkohol unter 22 Prozent oder eine anteilige Zusammenstellung dieser Waren und 4 l Wein sowie 16 l Bier. Infos: *zoll.de*.

Achtung: Die Einfuhr von Fleischprodukten, aber auch von Pflanzenteilen und dergleichen steht zum Teil unter Strafe. Bei Unsicherheiten besser bei der Einreise beim Zoll *(Red Ch)* nachfragen – so lange man nachfragt bzw. deklariert, bleibt man straffrei.

WETTER IN TOKIO

Hauptsaison
Nebensaison

	JAN.	FEB.	MÄRZ	APRIL	MAI	JUNI	JULI	AUG.	SEPT.	OKT.	NOV.	DEZ.
Tagestemperaturen	9°	9°	12°	18°	22°	25°	29°	30°	27°	20°	16°	11°
Nachttemperaturen	-1°	-1°	3°	4°	13°	19°	22°	23°	19°	13°	7°	1°
Sonnenschein Stunden/Tag	6	6	6	6	6	5	6	7	4	4	5	5
Niederschlag Tage/Monat	6	7	10	11	12	12	11	10	13	12	8	5

Sonnenschein Stunden/Tag   Niederschlag Tage/Monat

SPICKZETTEL JAPANISCH

SMALLTALK

ja/nein/vielleicht	はい/いいえ/たぶん	hai/ije/tabun
bitte/danke	どうぞ/ありがとう	dohso/arigatoh
Hallo!/Tschüss!	こんにちは/ それじゃ、またね	Konnitschiwa!/Sore dscha, mata ne!
Ich heiße …	… と申します	… to mohschimass.
Wie heißt du?/Wie heißen Sie?	名前は何ですか/お名前を教えてください	Nama-e wa nan dess ka?/Onama-e o oschijete kudassai
Ich komme aus …	… から来ました	… kara kimaschta
Entschuldigen Sie!	すみません	Ssumimas-sen!
Wie bitte?	すみません。もう一度お願いします	Ssumimas-sen. Moh itschido onegai schimass.
Das gefällt mir (nicht).	… は気に入りました （入りません）	… wa ki ni irimaschta (irimasen).
Ich möchte …/Ich suche …	… を探しています	… o sagaschte imass.

ZEIGEBILDER

ESSEN & TRINKEN

Reservieren Sie uns bitte für heute Abend einen Tisch für vier Personen.	今夜の四人分の席を予約したいのですが	**Konja no joninbun no seki o jojaku schtai no dess ga.**
Die Speisekarte, bitte.	メニューをお願いします	**Menjuh o onegai schimass.**
Könnte ich bitte … haben?	… を頂いてもいいですか	**… o itadaite mo ih dess ka?**
Salz/Pfeffer/Zucker	塩/胡椒/砂糖	**schio/koschoh/satoh**
Bäckerei	パン屋	**pan-ja**
Markt	市場	**itschiba**
Supermarkt	スーパー	**suhpah**
Ich möchte zahlen, bitte.	お勘定お願いします	**O-kandschoh onegai schimass.**
bar/Kreditkarte	現金/クレジットカード	**genkin/kredschitto kahdo**

NÜTZLICHES

Wo ist …?/Wo sind …?	… はどこですか	**… wa doko dess ka?**
Wie viel kostet …?	… はいくらですか	**… wa ikura dess ka?**
Wie viel Uhr ist es?	今何時ですか	**Ima nandschi dess ka?**
heute/morgen/gestern	今日/明日/昨日	**kjoh/aschta/kinoh**
offen/geschlossen	開いています/閉まっています	**aite-imass/schimatte-imass**
rechts/links	右/左	**migi/hidari**
kaputt/funktioniert nicht	壊れています	**kowarete-imass**
Fahrplan/Fahrschein	時刻表/切符	**dschikokkuhioh/kippu**
Internetzugang/WLAN	インターネット接続/無線LAN	**intahnetto ssezusokku/musen-lahn**
Fieber/Schmerzen	熱/痛み	**nezzu/itami**
Apotheke/Drogerie	薬局/ドラッグストア	**jak-kjokku/draggstoa**
Hilfe!/Achtung!	助けて/気をつけて	**tasskette/ki o zkette**
0/1/2/3/4/5/6/7/8/9/10/100/1000	ゼロ/一/二/三/四/五/六/七/八/九/十/百/千	**sero/itschi/ni/san/jonn/go/rokk/nana/hatschi/kjuh/dschuh/hjakku/ssenn**

TOKIO FEELING

ZUM EINSTIMMEN & AUSKLINGEN

LESESTOFF & FILMFUTTER

AFTERDARK

Viele von Haruki Murakamis Romanen spielen wie „Afterdark" in Tokio: ein feinfühliges und aufschlussreiches Werk über den ganz normalen Wahnsinn, Alltag genannt, einiger Bewohner der Stadt (2004).

TOKIO VICE

Dieser Roman entführt dich in die Unterwelt von Tokio: Jake Adelstein (gelernter Journalist) legte sich vor Ort höchstpersönlich mit den Yakuza-Granden an. Ein gründlicher Einblick in eine Welt, die man kaum sieht – die aber trotzdem sehr lebendig ist (2010).

LOST IN TRANSLATION

Die ideale Einstimmung auf einen Besuch im schrill-bunten Tokio mit Scarlett Johansson und Bill Murray in absoluter Höchstform. Die legendäre Bar gibt es leider nicht mehr (2004, Regie: Sofia Coppola).

SHOPLIFTERS

Ein verstörendes, aber warmherziges Werk über eine bitterarme Patchwork-Familie, die sich in Tokio ihr eigenes, verqueres Habitat schafft. Der Film erlaubt einen tiefen Einblick in das Leben der Stadtbewohner (2018, Regie: Hirokazu Koreeda).

PLAYLIST QUERBEET

0:58

TOKYO SKY PARADISE ORCHESTRA – PARADISE HAS NO BORDER
Seit über 30 Jahren beweisen „TSPO", dass Ska auch auf Japanisch funktioniert.

AKB48 – HEAVY ROTATION
AKB steht für Akihabara, dem Hort der generischen und dennoch heiß geliebten, japanischen Girlbands. DIE Hymne für Nerds.

MONO – DEATH IN REBIRTH
Bombastischer Instrumental-Post-Metal aus Tokio. Träumerisch bis melancholisch und in Japan eine Seltenheit. Kein Wunder das MONO seine Erfolge eher im Ausland feiert.

PIZZICATO FIVE – ROLLS ROYCE
Pizzicato Five gelten als Mitbegründer der Shibuya-kei-Bewegung und machten – leider in der Vergangenheitsform – Musik, die wunderbar zu Tokio passt.

Den Soundtrack zum Urlaub gibt's auf ***Spotify*** *unter* ***MARCO POLO Japan***

Oder Code mit Spotify-App scannen

AB INS NETZ

KOMPAKTE INFOS
Wo ist wann was los? Und wie komme ich hin? Antworten auf gotokyo.org/de/index.html, die gut gemachte, offizielle Tourismusseite der Stadt.

LAND UND LEUTE
Das deutschsprachige Portal japandigest.de bietet viel Wissenswertes über Land und Leute, Rezepte zum Nachkochen und vieles mehr.

ESSKULTUR UND MEHR
Mit wenigen Klicks findest du auf bento.com alle möglichen Restaurants, Bars oder Cafés. In allen Stadtteilen, passend für jeden Geldbeutel. Dazu gibt es Tipps zur japanischen Esskultur, Rezepte und Hintergrundtexte.

DEUTSCHE PERSPEKTIVE
Erfrischende Beiträge zu aktuellen Geschehnissen aus der Sicht eines Deutschen, der seit 2005 in Japan lebt auf tabibito.de/japan/blog.

TAIFUNE, ERDBEBEN UND MEHR
Die Seite der Japanischen Meteorologischen Agentur data.jma.go.jp/multi ist ein unabdinglicher Reisebegleiter.

TRAVEL PURSUIT

DAS MARCO POLO URLAUBSQUIZ

Weißt du, wie Tokio tickt? Teste hier dein Wissen über die kleinen Geheimnisse und Eigenheiten von Stadt und Leuten. Die Lösungen findest du in der Fußzeile. Und ganz ausführlich auf den S. 20–25.

❶ Die Innenstadt von Tokio mit rund 10 Millionen Einwohnern ist ungefähr so groß wie ...?

a) Berlin
b) Hamburg
c) Paris

❷ Wie lautete bis 1867 der Name von Tokio?

a) Edo
b) Bido
c) Kyoto

❸ Japanische Lehnsherren mussten jedes zweite Jahr in der Hauptstadt verbringen. Damit wurden sie quasi zu ...?

a) Lakaien
b) Samurai
c) Geiseln

❹ Eine klassische japanische Theaterform ist unter folgendem Namen bekannt:

a) Nee
b) Noh
c) Nie

Lösungen: 1b, 2a, 3c, 4b, 5a, 6c, 7b, 8c, 9b, 10a

Diese traditionelle Maske findet in welcher Theaterform Verwendung?

❺ In der japanischen Zeitrechnung zählt man nach den Jahren ...

a) seit der Inthronisierung des jetzigen Kaisers
b) der buddhistischen Zeitrechnung
c) seit der Geburt des jetzigen Kaisers

❻ Was ist beim Nudelsuppeessen völlig in Ordnung?

a) Schmatzen
b) Schnalzen
c) Schlürfen

❼ Wie nennt man den Markt für die zunehmend älter werdende Bevölkerung der Stadt?

a) Grauer Markt
b) Silbermarkt
c) Seniorenmarkt

❽ Wie oft spricht der japanische Kaiser in seinem Palast in Tokio direkt zum Volk?

a) Wöchentlich
b) Monatlich
c) 2 Mal pro Jahr

❾ Worauf setzen Tokioter beim Pachinko ihr Glück?

a) Einarmige Banditen
b) Kleine Stahlkugeln
c) Dominosteine

❿ Wer regiert seit Kriegsende fast ununterbrochen Tokio und ganz Japan?

a) Liberaldemokraten
b) Monarchisten
c) Sozialdemokraten

REGISTER

LOB ODER KRITIK? WIR FREUEN UNS AUF DEINE NACHRICHT!

Trotz gründlicher Recherche schleichen sich manchmal Fehler ein. Wir hoffen, du hast Verständnis, dass der Verlag dafür keine Haftung übernehmen kann.

MARCO POLO Redaktion • MAIRDUMONT • Postfach 31 51
73751 Ostfildern • info@marcopolo.de

Impressum
Titelbild: Pagode im Ueno Park (Schapowalow: S. Kremer)
Fotos: DuMont Bildarchiv: Hackenberg (70); iStock: ibamoto (4), Sritakoset (140/141), Torsakarin (14/15); Laif: Grandadam (128/129), Gumm (74), G. Hohenberg (22), T. Kierok (110/111), M. Kirchgessner (43, 125), J. Whitlow Delano (73), Zuder (45); Laif/hemis.fr (10), Frilet (8), L. Maisant (104/105), D. Zylberyng (6/7, 112/113); Laif/Le Figaro Magazine: Lefranc (101); Laif/Polaris: D. Lefranc (76); Laif/REA: Decout (89), J. Leynse (93); Laif/robertharding: S. Black (26/27), R. Cummins (85); Look: A. Schwab (34, 80/81); Look/age fotostock (12/13, 25, 54, 138/139); mauritius images: J. F. Raga (Klappe außen), S. Vidler (2/3, 17); mauritius images/ Prisma by Dukas Presseagentur/Alamy (38); mauritius images/age fotostock: J. F. Raga (60); mauritius images/AGF: G. Fuà (108/109); mauritius images/Alamy (102), C. Cazottes (53), E. Katsumata (57), D. Kleyn (69), D. F. Leites (106/107), S. Nogueira (86), B. Rottem (21), K. Uchida (79); mauritius images/Author's Image (62); mauritius images/EDU Vision/Alamy (90); mauritius images/imagebroker: M. Wolf (9); mauritius images/J Marshall -Tribaleye Images/ Alamy (99); mauritius images/John Warburton-Lee: S. Politi Markovina (31); mauritius images/John Warburton-Lee/Travel Pix Collection (130); mauritius images/Westend61: H. Loebermann (120); H. Pohling (11); M. Reich (143); Shutterstock: cowardlion (58), Osugi (50); Shutterstock/VTT Studio (94/95); Shutterstock/WildSnap (64/65)

13. Auflage 2022, komplett überarbeitet und neu gestaltet

Autoren: Sonja Blaschke, Hans-Günter Krauth, Matthias Reich
Redaktion: Martin Silbermann
Bildredaktion: Stefanie Wiese
Kartografie: © MAIRDUMONT, Ostfildern (S. 114–115, 117, 122–123, 124, 127, Umschlag innen, Umschlag außen, Faltkarte); © MAIRDUMONT, Ostfildern, unter Verwendung von Kartendaten von OpenStreetMap, Lizenz CC-BY-SA 2.0 (S. 28–29, 33, 36–37, 40, 44, 47, 49, 66–67, 82–83, 96–97)
Als touristischer Verlag stellen wir bei den Karten nur den De-facto-Stand dar. Dieser kann von der völkerrechtlichen Lage abweichen und ist völlig wertungsfrei.
Gestaltung Cover, Umschlag und Faltkartencover: bilekjaeger_Kreativagentur mit Zukunftswerkstatt, Stuttgart; Gestaltung Innenlayout: Langenstein Communication GmbH, Ludwigsburg
Spickzettel: in Zusammenarbeit mit PONS GmbH, Stuttgart
Konzept Coverlines: Jutta Metzler, bessere-texte.de

Printed in Poland

MIX
Paper from responsible sources
FSC® C018236
www.fsc.org

MARCO POLO AUTOR
MATTHIAS REICH
Die erste große Asienreise führte den Geografen und jetzigen IT-Geschäftsführer 1996 bis nach Japan. Es folgten weitere, immer längere Aufenthalte. 2005 blieb er schließlich gänzlich in Japan hängen und arbeitet seitdem unter anderem als freier Autor. An Tokio liebt er die Dynamik, die versteckten Ecken und die Nähe zu Meer und Berge. Mehr auf www.tabibito.de/japan.

BLOSS NICHT!

FETTNÄPFCHEN UND REINFÄLLE VERMEIDEN

DIE STÄBCHEN IM REIS STECKEN LASSEN

Japaner sind abergläubig, vor allem beim Thema Tod. Stäbchen im Reis stecken zu lassen oder Essen damit weiterzureichen sind wichtige Rituale bei Beerdigungen – und rufen beim Essen ordentliches Entsetzen aus!

LAUT WERDEN

Gibt es Ärger, eine Beschwerde? Laut werden hilft da gar nicht, denn es bedeutet Gesichtsverlust. Damit verliert man auf der Stelle die Achtung des Gegenübers und erreicht eher das Gegenteil des Gewollten.

ZUR FALSCHEN ZEIT REISEN

In der ersten Maiwoche, Mitte August sowie rund um Neujahr ist ganz Japan unterwegs. Im August und um Neujahr hat das durchaus seine Vorteile – viele Hauptstädter verlassen dann die Metropole. Allerdings hat dann auch vieles geschlossen. In der ersten Maiwoche wiederum ist überall Gedränge.

DEN LETZTEN ZUG VERPASSEN

Die letzte Bahn fährt je nach Linie unterschiedlich, auf jeden Fall aber vor 1 Uhr! Bahn verpasst, kein Problem – es gibt ja Taxis? Leider wirst du nie der einzige sein, der so denkt. Lange Taxischlangen sind die Regel und Taxis teuer.

BEI ERDBEBEN IN PANIK GERATEN

Bei einem Beben sofort auf die Straße rennen? Schlechte Idee, denn dort ist es in der Regel gefährlicher. Herunterfallende Abdeckungen, Leitungen oder Fensterscheiben kommen häufiger vor als einstürzende Häuser. Nur bei Brandgefahr flüchten.